MW01687824

Les animaux
bénéfiques au jardin

Vincent Albouy

ARTÉMIS ÉDITIONS

Sommaire

Vive la biodiversité !

Les livres de jardinage réduisent leur approche de la faune à une liste d'espèces « nuisibles », dont le doryphore est le modèle. Suivent en général quelques recettes pour s'en débarrasser, qui donnent une grande place aux produits chimiques. Cette approche réductrice s'ouvre parfois aux espèces « utiles », c'est-à-dire s'attaquant aux espèces nuisibles, dont la plus populaire est la coccinelle.

Dans une approche écologique du jardin, donc en considérant celui-ci comme un milieu de vie où s'enchevêtrent les pyramides alimentaires, un insecte comme le puceron, classé par tout le monde dans les « nuisibles », doit être considéré comme utile. En effet, sans pucerons, pas de coccinelle. Ce qui peut poser problème, ce n'est pas la présence des pucerons, c'est la croissance de leurs populations au-delà d'un certain seuil, au-dessus duquel ils causent des dégâts.

La plupart des animaux du jardin ne sont classés ni dans les « nuisibles », ni dans les « utiles ». On pourrait croire que leur présence est indifférente. Fausse impression, due à notre méconnaissance du fonctionnement de ce milieu naturel en réduction qu'est le jardin. Tous jouent un rôle essentiel. Quelques-uns peuvent effectivement poser des problèmes, mais la plupart ont une influence bénéfique méconnue.

Chenille de paon de jour.

Chenilles de piéride du chou.

La grande cohorte des végétariens

La faune du jardin s'insère dans des pyramides alimentaires complexes, où chaque espèce joue un rôle. Les espèces « nuisibles » se recrutent parmi les végétariens, qui ont parfois le tort de manger les mêmes fruits ou légumes que nous. Les mangeurs de feuilles, comme la chenille de piéride du chou, sont très nombreux. Souvent, le régime alimentaire des adultes est différent de celui des larves. Les papillons de piéride, par exemple, boivent le nectar des fleurs. Toutes les parties des végétaux sont susceptibles d'être consommés : les racines par les larves de hanneton, la sève par les cicadelles, les graines par les bruches, etc.

Parfois, ces végétariens ne sont détectables que par leurs traces, quand ils provoquent des galles ou des mines. Notons que ces végétariens nuisibles deviennent utiles quand ils dévorent les « mauvaises herbes », comme la chenille de paon de jour avec l'ortie.

En fait, les animaux végétariens, dans le grand équilibre dynamique de la nature, sont chargés d'empêcher qu'une espèce végétale domine sur les autres. Par nos méthodes de culture favorisant quelques espèces seulement, nous offrons à certains végétariens des ressources quasi infinies.

À gauche : le carabe doré, un prédateur généraliste.
Au centre : le syrphe-bâton, un prédateur spécialisé, ennemi des pucerons.
À droite : l'épeire-diadème, une araignée tisseuse de toile.

PRÉDATEURS ET PARASITES

Les animaux utiles se recrutent parmi les prédateurs et les parasites s'attaquant aux « nuisibles ». Au jardin, de nombreux prédateurs généralistes chassent sur le sol ou dans la végétation, comme les carabes et les carabiques s'attaquant à de nombreux invertébrés terrestres, ou la grande sauterelle verte. D'autres sont plus spécialisés, comme la coccinelle, la chrysope et le syrphe, qui composent le cortège bien connu et largement exploité en agriculture biologique des ennemis des pucerons.

Certaines espèces, quoique très utiles par la masse des proies consommées, ont parfois mauvaise réputation, comme les guêpes sociales amatrices de fruits mûrs, mais qui capturent mouches et chenilles en nombre pour leurs larves. Les araignées tisseuses de toile, qui ne consomment que des proies vivantes, interceptent les insectes volants.

Les espèces parasites, comme les ichneumons chez les guêpes ou les tachinaires chez les mouches, sont beaucoup plus discrètes. Elles seules pourtant sont capables de briser la pullulation d'une espèce végétarienne et d'effondrer ses populations en quelques semaines.

L'osmie cornue (ci-dessous) et le moro-sphinx (en bas) sont des pollinisateurs indispensables au jardin.

INDISPENSABLES POLLINISATEURS

[redacted]

Le clyte-bélier est un longicorne bien utile qui s'attaque au bois pourrissant pour le réduire en poussière.

fleurs les plus profondes, ou les abeilles solitaires, munies d'une langue et de corbeilles à pollen sur les pattes. Les espèces les plus efficaces sont sociales, comme les bourdons ou l'abeille domestique.

LES ÉBOUEURS DE L'OMBRE

La matière organique morte, d'origine végétale ou animale, est composée de molécules trop complexes pour être assimilables par les racines des plantes. Pour que le sol soit fertile, cette matière organique doit être minéralisée. Cette minéralisation est surtout le fait des bactéries, mais leur action est fortement accélérée par celle de nombreux animaux qui fragmentent et prédigèrent la matière organique. Les déchets végétaux au sol ou dans le tas de compost nourrissent les larves de cétoines et les collemboles, ainsi que les vers de terre, dont l'action est fondamentale.

Des tissus végétaux aussi durs que le bois sont attaqués et réduits en poussière par de nombreux insectes, comme les longicornes. Les déjections animales sont recyclées par les bousiers et les asticots des mouches, alors que les cadavres d'animaux attirent des recycleurs très spécialisés, comme les nécrophores ou les mouches bleues.

LES VERTÉBRÉS À LA FÊTE

Toute cette masse d'invertébrés représente une ressource alimentaire importante pour de nombreux vertébrés. Le crapaud, qui fait partie des batraciens, ou l'orvet, qui fait partie des reptiles, chassent au sol et la nuit toutes les proies qui passent à leur portée, des vers et des mollusques aux insectes.

Les oiseaux sont très nombreux à chasser les insectes, qu'ils soient exclusivement insectivores, comme les mésanges, ou qu'ils chassent seulement pour nourrir leur couvée, comme les moineaux. Si les oiseaux du jardin sont actifs principalement le jour, les mammifères sont surtout nocturnes. Hérissons et musaraignes chassent au sol, alors que les chauves-souris sont spécialisées dans la capture des papillons de nuit, qui ont adopté un [redacted] !

Les invertébrés du jardin attirent une foule d'oiseaux comme le troglodyte mignon (ci-dessous), et de mammifères comme le hérisson (à droite).

Communier avec la nature

Au-delà des services concrets que les animaux bénéfiques du jardin nous rendent, leur seule présence nous permet de conserver jour après jour un contact positif avec la nature. Le bourdonnement des abeilles dans le cerisier en fleur, le chant des oiseaux au lever du jour, le ballet des papillons dans le massif de lavande, la visite du hérisson autour de la table de jardin un soir d'été, la rencontre impromptue du crapaud en travaillant au potager, autant de petits plaisirs qui justifient de jardiner autrement pour faire une large place à cette petite faune.

Pas de pesticides, du naturel

Premier commandement pour accueillir de nombreux animaux bénéfiques au jardin : ne plus utiliser de produits chimiques, toutes ces spécialités en *–cide* qui tuent bien au-delà des espèces visées.

Deuxième commandement, laisser une large place à la nature, et en particulier aux plantes sauvages. Leur introduction au jardin, ou leur simple conservation, car elles apparaissent bien souvent toutes seules si on ne les arrache pas, ne se fait pas n'importe comment. Elles n'ont d'intérêt que si elles sont groupées en peuplement cohérent, si elles recréent de mini-milieux naturels.

Le jardin idéal doit laisser une place aux plantes sauvages et aux milieux miniatures semi-naturels.

1 - Arbres à grand développement.
2 - Pelouse fleurie.
3 - Bac à compost.
4 - Abri de jardin.
5 - Haie de fruitiers.
6 - Potager.
7 - Bassin.
8 - Massifs fleuris.

La haie champêtre et son ourlet de graminées, la friche où s'épanouissent les « mauvaises herbes » mal-aimées et pourtant si attractives pour la vie sauvage, la prairie fleurie qui peut si avantageusement remplacer le gazon tondu ras, la zone sèche accueillante aux plantes aromatiques, la mare à la flore et à la faune si particulières, tous ces milieux semi-naturels miniatures peuvent trouver leur place dans un simple jardin.

CULTIVER AUTREMENT SON JARDIN

Même les parties cultivées plus intensément pour l'agrément ou la cuisine peuvent entrer dans ce plan de protection de la nature au jardin. Les parterres de fleurs, en accueillant des espèces anciennement cultivées comme le souci, la bourrache, le centranthe rouge, la julienne des dames, etc., fourniront une abondante ressource à diverses espèces végétariennes et aux butineurs. Il faut prendre des variétés à fleurs simples, et non à fleurs doubles, et veiller à étaler les floraisons.

Au potager, en abandonnant un fenouil aux chenilles de machaon, en cultivant de vieux légumes que la sélection n'a pas rendu monstrueux, en laissant fleurir oignons, persil ou carotte, en utilisant des engrais verts à la floraison attractive comme la phacélie, vous attirerez prédateurs et parasites, et vous maintiendrez les « nuisibles » à un niveau suffisamment bas pour qu'ils ne soient pas gênants.

Recréez des milieux semi-naturels en miniature comme une rocaille (ci-dessous), et installez également quelques abris plus artificiels comme les nichoirs à insectes (à droite).

À FAIRE ET À NE PLUS FAIRE

Un jardin plein de vies est un jardin négligé, au moins à ses marges. Feuilles mortes, mousse, tiges mortes constituent autant de refuges et de sources de nourriture pour de nombreux animaux, à respecter et non plus à détruire. Un jardin propre est un jardin mort.

Le nichoir boîte aux lettres est un classique qui a fait ses preuves et accueille de nombreuses espèces d'oiseaux, comme la mésange charbonnière ci-dessus.

Des aménagements plus artificiels peuvent aussi être envisagés. Une petite mare non loin de la gouttière du toit, un tas de rondins laissés à pourrir dans la haie, l'herbe coupé du morceau de prairie fleurie entassée en meule, un tas de sable abandonné aux hyménoptères fouisseurs contre un mur bien exposé, les déchets verts de la cuisine et du jardin mis à composter, un tas de pierres oublié dans un coin : autant d'idées pour fournir nourriture et abris à de nombreuses petites bêtes du jardin.

En matière d'abris et de nichoirs, le choix est vaste. Que ce soit pour favoriser l'hivernage des coccinelles, des chrysopes, des papillons, ou le repos diurne des perce-oreilles et autres insectes nocturnes, divers abris peuvent être fabriqués ou achetés. Parmi les nichoirs, les plus efficaces sont à l'attention des guêpes et des abeilles solitaires. Si ceux réservés aux bourdons sont rarement occupés spontanément, l'expérience a montré que les fagots de tiges de ronce ou de bambou installés en bordure des planches de légumes pour attirer les guêpes chasseresses de pucerons, ou les bûches percées de trous de divers diamètres, attirent très vite des locataires variés.

Il existe de très nombreux modèles de nichoirs à oiseaux. La plupart des espèces du jardin se contentent du classique modèle « boîte aux lettres », à condition de varier les ouvertures : trou de 26 mm pour la mésange bleue, de 32 mm pour la mésange charbonnière, de 36 mm pour le moineau, de 40 mm pour l'étourneau, semi-ouvert pour le rougegorge.

Parmi les mammifères, seuls le hérisson et les chauves-souris adoptent parfois des abris artificiels mis à leur disposition.

À consulter

Ces conseils pour aménager un jardin le plus accueillant possible à la faune sauvage vous semblent peut-être lapidaires. Par manque de place, et aussi parce que ce n'était pas le sujet du livre, il était difficile d'être plus précis. Vous trouverez dans la même collection l'ouvrage de Maurice Dupérat intitulé Un jardin pour les petits animaux, *complémentaire de celui-ci, qui donne le mode d'emploi détaillé pour aménager son jardin pour la nature et les animaux.*

Insectes

Les collemboles (ordre des *Collembola*)

Les puces de terre

Les reconnaître

Le corps, long de 0,25 à 8 mm, est de couleur variable. À l'extrémité de l'abdomen, une fourche mobile repliée sous le ventre au repos leur permet, en la détendant brusquement, de sauter.

Les collemboles vivent dans la litière du sol, c'est-à-dire dans la couche de matières végétales en décomposition qui recouvre en permanence la terre dans les endroits non cultivés. Ils se nourrissent de végétaux en décomposition, régime complété par des bactéries et des algues microscopiques, des filaments de champignon et du pollen. Quelques espèces consomment de jeunes feuilles vivantes, pouvant parfois causer des dégâts en agriculture, comme le collembole de la luzerne.

Les collemboles peuplent les sols, mais également les rochers, troncs d'arbres et autres milieux en contact plus ou moins direct avec le sol, ainsi que les milieux humides tels que mares et tourbières. Dans chaque type d'habitat, il existe un grand nombre d'espèces qui cohabitent, mais la composition spécifique varie en fonction de la profondeur, de l'usage du sol et du type de végétation (forêts, landes, prairies, cultures), de l'humidité et de la lumière.

LEUR ACTION AU JARDIN

Le rôle des collemboles est très important dans la vie du sol et dans le recyclage accéléré de la matière organique morte. Ils contribuent activement au maintien naturel de la fertilité des sols. Ils peuvent pulluler à certains moments dans le compost, signe de la bonne qualité des matériaux mis à pourrir.
Ils effectuent ce travail depuis des centaines de millions d'années : le plus ancien fossile de collembole, très semblable à certaines espèces actuelles, a été trouvé dans une couche géologique datée de - 395 millions d'années.

Si les collemboles pullulent dans votre compost, c'est qu'il est de bonne qualité.

COMMENT LES RÉGULER ?

Parfois, les collemboles pullulent dans la terre des pots des plantes d'intérieur. Terreau de rempotage riche en matière organique, arrosages réguliers, chaleur douce tout au long de l'année : tout contribue à les favoriser. Ils apparaissent comme de minuscules points blancs sautant à la surface de la terre. Vous pouvez les tolérer, car ils ne causent pas de dégâts.

Si vous souhaitez vous en débarrasser, rempotez les plantes envahies en retirant soigneusement toute la terre qui enrobe les racines. Utilisez pour le rempotage un terreau vierge de collemboles, soit en le laissant sécher plusieurs jours en fine couche dans un endroit abrité (lumière et sécheresse les chasseront), soit en mettant le sac au congélateur une semaine (aucun insecte ne résiste plus de 24 heures à - 18 °C).

On trouve souvent des collemboles dans les terreaux de rempotage riches en matière organique.

La libellule déprimée (*Libellula depressa*)

Gardienne de la mare

Larve de libellule déprimée.

La reconnaître

Le corps, long de 4 à 5 cm, est aplati, marron chez la femelle et bleuâtre chez le mâle. Les quatre ailes, beaucoup plus longues que larges, ne peuvent pas se replier au repos au-dessus du corps et restent étalées perpendiculairement à celui-ci.

Les libellules sont des insectes liés aux milieux humides, car leurs larves sont aquatiques. Les libellules vraies sont massives et ne peuvent replier leurs ailes au repos. Les demoiselles sont plus graciles et replient leurs ailes verticalement au-dessus du corps au repos. Plusieurs espèces peuvent fréquenter les mares de jardin, même de simples bassins en plastique préformé, et la libellule déprimée est l'une des plus courantes.

Le mâle défend un territoire, souvent perché sur une tige dressée ou sur une branche d'un arbuste près de la mare. La larve est généralement enfouie dans la vase, toujours couverte d'une épaisse couche de sédiments.

Son action au jardin

Larves comme adultes de libellules sont carnivores. Elles chassent toutes les proies de leur taille qui passent à leur portée. Les larves sont munies d'une sorte de bouche dépliable, appelée masque par les scientifiques, qu'elles peuvent projeter sur leur proie quand elles sont à distance suffisante. Les adultes chassent en vol avec habileté. Posés à l'affût, ils s'envolent brusquement dès qu'ils détectent une proie et foncent sur elle de leur vol puissant. Une libellule déprimée vrombit comme un petit hélicoptère !

Adulte émergeant de l'exuvie, la peau vide de la larve.

J'en veux chez moi !

Beaucoup de gens hésitent à creuser une mare chez eux, de peur de favoriser la présence des moustiques. Une mare naturelle convenablement végétalisée accueillant des libellules ne peut être un foyer de moustiques, car leurs larves aquatiques, comme les adultes volants, sont dévorés par les libellules. Celles-ci, qui volent facilement sur de grandes distances, colonisent rapidement une mare nouvellement installée. Il est facile de détecter leur présence. Au printemps, les larves sortent de l'eau et s'accrochent à la végétation aérienne à proximité immédiate pour se transformer en adultes. Les peaux vides, appelées exuvies, sont très visibles à cette période.

Une mare naturelle : le refuge idéal pour les libellules.

La grande sauterelle verte (*Tettigonia viridissima*)

La porteuse de sabre

La reconnaître

Le corps de 3 à 4 cm de longueur est vert vif avec souvent une bande dorsale brune. Les ailes repliées au repos au-dessus du corps dépassent largement le bout de l'abdomen, terminé par un organe de ponte recourbé chez la femelle.

Les puissantes mandibules de la sauterelle verte lui permettent de s'attaquer à de grosses proies.

La grande sauterelle verte fréquente surtout les plantes herbacées et les buissons bas. Leur couleur verte rend les sauterelles difficiles à voir quand elles sont posées sur la végétation. Mais à la fin de l'été, au moment de la reproduction, la grande sauterelle verte trahit sa présence en émettant une stridulation sonore, une sorte de « cri-cri-cri » très appuyé qui fait penser au chant printanier du grillon champêtre.

Quelques espèces de sauterelles fréquentant les jardins sont végétariennes et peuvent parfois causer des dégâts sur les fleurs ornementales et les légumes tendres, comme la sauterelle ponctuée, qui s'attaque notamment aux feuilles de rosier et de framboisier.

SON ACTION AU JARDIN

La grande sauterelle verte est principalement carnivore. Elle ne s'attaque que très accessoirement aux végétaux, et ses dégâts sont insignifiants. Par contre, comme elle consomme un grand nombre de chenilles, de pucerons et de mouches, à l'état de larve comme à l'âge adulte, elle s'avère un auxiliaire précieux du jardinier. C'est l'un des rares insectes de nos régions à s'être adapté au doryphore américain, dont elle peut dévorer les larves.

Larve de doryphore

Pucerons

J'EN VEUX CHEZ MOI !

Les sauterelles ont besoin d'herbes hautes, d'arbres et d'arbustes pour prospérer au jardin. Elles y trouvent à la fois un terrain de chasse idéal et un refuge pour se camoufler et échapper ainsi à l'œil perçant des oiseaux insectivores. Quand les zones herbeuses hautes doivent être entretenues, quelle que soit la date, du printemps à l'automne, il vaut mieux faucher l'herbe que la tondre ou la broyer, pour ne pas tuer les individus qui y ont trouvé refuge.

Pour attirer les sauterelles, entretenez des zones d'herbes hautes.

Le perce-oreille commun (*Forficula auricularia*)

Docteur Jekyll et Mister Hyde

Le reconnaître

Le corps, de 1 à 2 cm de long, est aplati et allongé. Les ailes du dessus durcies en élytres sont très courtes, dégageant l'abdomen et laissant dépasser le bout des ailes du dessous. L'abdomen est terminé par une paire de pinces de forme variable selon le sexe.

Le perce-oreille mâle (en haut) a des cerques beaucoup plus longs que ceux de la femelle (en bas).

Les femelles soignent leurs œufs puis leurs jeunes larves. Cet « amour maternel », pour parler comme les entomologistes du XIXe siècle, est indispensable à la bonne évolution de la ponte, qui sinon est détruite par le développement de moisissures.

Longtemps considérés comme des ravageurs à cause des dégâts, somme toute minimes et surtout esthétiques, qu'ils peuvent commettre sur les semis, les fleurs et les fruits, les perce-oreilles sont aujourd'hui utilisés comme auxiliaires par certains jardiniers, qui les transfèrent des endroits où ils abondent vers les arbres fruitiers attaqués par les pucerons.

Son action au jardin

Le perce-oreille est un opportuniste omnivore. Il mange les algues vertes des troncs, les jeunes plantules, les pétales et les étamines des fleurs ou les fruits en formation pour son côté végétarien. Pour son côté carnivore, il s'attaque aux pucerons, aux larves d'insectes, aux mouches, aux thrips, aux acariens, aux araignées et à d'autres perce-oreilles. Une partie de cette nourriture peut être consommée sous forme de débris morts et de cadavres.

J'en veux chez moi !

Pour cela, il suffit de suspendre dans la végétation des pots de fleurs en terre retournés et garnis de foin. Les perce-oreilles, nocturnes, s'y réfugient le jour. En déplaçant ces pots dans les arbres à protéger, on augmente artificiellement la densité des perce-oreilles. Quand le problème des pucerons est résolu, il suffit de faire la manipulation inverse.

Nocturnes, fuyant la lumière et aimant l'humidité, les perce-oreilles se réfugient dans la journée sous les écorces, les pierres, dans les fentes des murs ou du bois. Quelques grosses pierres plates disséminées çà et là, un tas de bois installé à l'ombre de la haie ou au verger leur offrent des abris bienvenus.

Refuge à perce-oreille.

La punaise des peupliers (*Anthocoris nemorum*)

Minuscule, mais efficace

La reconnaître

Le corps, de 5 mm de long, est ovale et aplati. L'avant est en pointe alors que l'arrière est nettement arrondi. Deux taches rondes et sombres marquent le milieu des ailes.

Punaise des peupliers se nourrissant d'une chenille de tordeuse.

Les anthocorides sont une famille de petites punaises prédatrices très utiles pour contrôler des invertébrés qui posent des problèmes récurrents dans certains jardins. La punaise des peupliers est l'une des espèces les plus grosses et les plus fréquentes dans les jardins de cette famille.

Cette espèce et les anthocorides en général chassent sur le feuillage des plantes les acariens, les pucerons, les psylles, les cicadelles et les petites chenilles. Avec leurs longues pattes, ils grimpent facilement sur la végétation herbacée, où vous pouvez les observer plus particulièrement sur les fleurs. Mais certaines espèces vivent plutôt dans la litière, les amas de détritus végétaux ou sous les écorces des arbres morts, alors que d'autres grimpent dans le feuillage des grands arbres.

SON ACTION AU JARDIN

Les anthocorides sont d'autant plus intéressants au jardin qu'ils hivernent souvent au stade adulte. À leur réveil, au début du printemps, ils sont affamés, car ils ont consommé toutes leurs réserves de graisse. Ils se mettent en chasse sans délai, s'attaquant notamment aux pucerons et autres acariens qui n'ont pas encore commencé à pulluler en cette période précoce, et qui sont ainsi plus faciles à contrôler. Ils sont surtout utiles sur les arbres fruitiers, pour contrôler pucerons, cochenilles, psylles, cicadelles, thrips et acariens.

La punaise des peupliers est efficace contre les pucerons lanigères (en haut) et les cicadelles (ci-dessus).

J'EN VEUX CHEZ MOI !

Les femelles pondent souvent leurs œufs par petits groupes dans le tissu et les nervures des feuilles des plantes herbacées. Un ourlet de végétation sauvage laissé au pied de la haie, fauché seulement tous les deux ans en deux sections en alternance, fournit à la fois un terrain de chasse et une zone de ponte.

Plusieurs espèces de cette famille, appartenant aux genres *Orius* et *Anthocoris*, sont élevées et vendues dans les circuits spécialisés pour leur utilisation en lutte biologique.

Laissez une bande de végétation sauvage au pied de la haie pour attirer la punaise des peupliers.

Le carabe doré (*Carabus auratus*)

Bourreau des escargots

Le reconnaître

Le corps, de 2 à 2,5 cm de long, est vert métallique à reflets cuivrés. Les ailes du dessus sont durcies en élytres protecteurs et soudées entre elles. Elles sont ornées de 7 grosses côtes saillantes caractéristiques.

Le carabe doré chasse au sol, en plein jour.

Les carabes sont de gros insectes aux longues pattes puissantes qui courent au sol ou escaladent la végétation herbacée à la recherche de leurs proies. Surtout liées aux forêts, plusieurs espèces se rencontrent toutefois dans les jardins, comme le carabe doré, le carabe des bois et le carabe pourpré. Le carabe doré chasse au sol, alors que ses confrères préfèrent sortir la nuit, ou par temps couvert. Lui ne craint pas d'arpenter les allées du potager en plein soleil.

Lorsque l'on saisit un carabe, il émet généralement une salive noirâtre et présente toujours l'odeur caractéristique plutôt nauséabonde et très forte de l'acide butyrique (beurre ranci).

Son action au jardin

Les carabes dévorent des espèces parmi les plus gênantes au jardin, comme les larves de hanneton, les chenilles, les limaces et les escargots, bien qu'il puisse aussi consommer d'autres proies comme les vers de terre. Et ce sont de véritables serial killers, qui tuent souvent plus de proies qu'ils n'en consomment.
La larve, qui apparaît dès la fin de l'hiver, a le même comportement et le même régime alimentaire que l'adulte. Aussi les carabes protègent-ils efficacement les cultures tout au long de la belle saison. Malheureusement ces espèces se font de plus en plus rares du fait des modifications des techniques de culture.

Carabe pourpré s'attaquant à une chenille.

J'en veux chez moi !

Vivant au sol, les carabes, larves comme adultes, sont très sensibles aux outils rotatifs de travail du sol, fraises et autres rotovators, qui les réduisent en bouillie. Ils sont également détruits par les pesticides épandus sur les cultures ou ingérés par leurs proies.

Pour les favoriser, aménagez une petite zone refuge en bordure du potager avec quelques grosses pierres plates, une vieille souche moussue, un tas de rondin parmi les herbes folles. Ils trouveront là des proies, des abris pour la journée comme des refuges pour hiverner. Si vous avez des carabes dorés chez vous, choyez-les : ayant perdu leurs ailes, leur retour spontané est aléatoire quand ils ont disparu.

Après avoir saisi sa proie, le carabe lui injecte des sucs digestifs qui prédigèrent les tissus, avant de les sucer.

Le staphylin odorant (*Ocypus olens*)

Porteur de jaquette étriquée

La puissante tête du staphylin odorant est aussi large que le thorax.

Le reconnaître

Le corps, de 2 à 3 cm de long, est noir mat couvert d'une fine pilosité. Les ailes de dessus durcies en élytres sont très courtes et ne recouvrent qu'une petite partie de l'abdomen, qui n'est jamais terminé par des pinces.

Carnassiers à l'âge adulte comme à l'état de larve, les staphylins chassent à l'affût ou activement au sol, arpentant jour et nuit les planches du potager. L'une des espèces les plus courantes, et sûrement la plus spectaculaire par sa taille, est le staphylin odorant. Son corps aplati est parfaitement adapté pour se glisser dans les fentes. Cet insecte doit son nom à son comportement de défense. Inquiet, il relève le bout de son abdomen pour émettre une odeur désagréable et il ouvre largement les mâchoires pour impressionner. Il est inoffensif pour l'homme : s'il peut mordre si on l'attrape avec les doigts, il n'attaque jamais.

Son action au jardin

Le staphylin odorant est très agressif envers les invertébrés qui composent son menu. Il n'hésite pas à s'attaquer à des proies de sa taille ou presque. Limaces, escargots, acariens, cochenilles, chenilles, mouches, asticots et même cadavres, rien ne le rebute. Cet auxiliaire méconnu est très efficace, comme beaucoup d'autres espèces plus petites de sa famille qui fréquentent le jardin. Par exemple, certaines espèces du genre *Aleochara* chassent leurs proies sur les choux cultivés et contribuent à les protéger des pullulations de diverses mouches, car ils sont friands d'asticots.

Chenilles de piéride du chou.

J'en veux chez moi !

Dans les plates-bandes dont la terre est nue, posez une planchette, une pierre plate, une tuile ou un petit tas de déchets végétaux dans les coins qui leur serviront d'abris. Mieux, compostez en surface les déchets végétaux de la cuisine en les répandant entre les rangs de légumes.

Pour leur permettre de passer confortablement l'hiver, ne tondez pas sous la haie, mais laissez un ourlet de hautes herbes. Ne ramassez pas les feuilles mortes ni le bois mort. Si la haie en manque, entassez quelques rondins à l'ombre et laissez-les pourrir.

Des bordures d'herbes non tondues attirent toujours le staphylin odorant.

La coccinelle à 7 points (*Coccinella septempunctata*)

La bête à bon Dieu

La reconnaître

Le corps, de 5 à 8 mm de long, est très bombé, presque hémisphérique. La tête et le thorax sont noirs avec quelques taches blanches. Les élytres durcis sont rouge vif à orangé, ornés de sept points noirs.

Larve de coccinelle.

Très commune, la coccinelle se rencontre aussi bien dans les jardins qu'en milieu urbain, dès la fin de l'hiver et jusqu'à la fin de l'automne. Contrairement à une idée répandue, le nombre de points sur les élytres d'une coccinelle ne correspond pas à son âge, ni en nombre d'années, ni en nombre de mois. Ce motif dépend exclusivement de l'espèce, et permet d'ailleurs de la caractériser.

Également appelée « bête à bon Dieu », on dit souvent que la coccinelle porte bonheur et que le beau temps arrive lorsqu'elle s'envole.

En cas de menace, elle laisse sourdre au niveau des articulations de ses pattes des gouttelettes d'hémolymphe jaune vif de saveur très amère.

SON ACTION AU JARDIN

La coccinelle à 7 points et quelques autres cousines, dont la plus fréquente est la coccinelle à 2 points, sont des prédatrices de pucerons. Les larves comme les adultes en font en effet une consommation importante tout au long de leur vie. Ces voraces ne consomment qu'une partie des cadavres quand la ressource est abondante, augmentant d'autant plus leur efficacité.
Une coccinelle à 7 points peut manger jusqu'à 2 000 pucerons durant sa vie de larve, et en tuer jusqu'à 100 ou 200 par jour à l'âge adulte.
Chaque espèce de coccinelle consomme un spectre assez large d'espèces de pucerons, mais le choix est si vaste que leurs préférences alimentaires ne se recoupent qu'en partie. Ainsi la coccinelle à 2 points est plus fréquente dans les vergers, celle à 7 points sur les légumes et les fleurs. Elles peuvent compléter leur régime en mangeant des thrips, des psylles, des cochenilles, des cicadelles, des larves de chrysomèles, le pollen et le nectar des fleurs.

Les larves et les adultes de coccinelles sont des prédateurs très utiles des pucerons, et sont de ce fait beaucoup employés en jardinage biologique.

J'EN VEUX CHEZ MOI !

La coccinelle à 7 points hiverne à l'état adulte sous les pierres, dans les feuilles mortes et les mousses, dans les trous du sol et la végétation, de préférence en lisière. Aussi ne faut-il pas nettoyer la haie à l'automne, pour la préserver.

La coccinelle à 2 points aime les fissures des murs et des écorces et entre parfois dans les bâtiments. Si elle s'abrite dans un endroit qui va être chauffé en hiver, transférez-la à l'abri de la pluie et du vent, mais dans une zone non chauffée, pour qu'elle ne se réveille pas prématurément.

Au printemps et en été, les coccinelles migrent facilement à la recherche de proies. Un coin plus sauvage, notamment où prospèrent les orties, permet de les fixer au jardin en leur fournissant un réservoir de pucerons sur les plantes sauvages.

Un coin sauvage où poussent quelques orties permettra de fixer les coccinelles dans votre jardin.

La cantharide fauve (*Rhagonycha fulva*)

En foule sur les fleurs

La reconnaître

Le corps, long de 7 à 10 mm, est long et à bords parallèles. La tête et le thorax sont brun rougeâtre. Les ailes du dessus, transformées en élytres mous, sont brun clair et tachées de noir à leur extrémité.

Larves de cantharide fauve.

La cantharide fauve appartient à un petit groupe de coléoptères remarquable par les mœurs carnassières des larves comme des adultes. Plusieurs autres espèces peuvent se rencontrer au jardin, comme le téléphore-moine ou la cantharide rustique, tous deux aux élytres noirâtres.

Au printemps, les cantharides fauves apparaissent brusquement en nombre et se concentrent sur les fleurs, notamment les ombelles des ombellifères ou de certaines composées. Elles y passent des heures immobiles ou presque, volant peu, souvent accouplées. Les autres espèces peuvent également s'observer sur le feuillage des plantes herbacées ou des arbres et des buissons.

Son action au jardin

Son aspect indolent cache des mœurs de fauve. Les adultes fréquentent les fleurs pour y surprendre les butineurs qui les visitent, et les feuilles pour y dévorer chenilles et autres végétariens sans défense. À défaut de proies, certaines espèces peuvent s'attaquer au feuillage.

Les cantharides sont aussi capables de chasser en vol, le long des lisières ou au-dessus des prairies ensoleillées. Les larves sont aplaties, brunes ou noirâtres, d'aspect velouté. Elles vivent de l'automne au printemps, dans la litière et sous les pierres, et restent actives même quand les températures sont basses. Apparaissant parfois en nombre au moment d'un redoux qui fait fondre la neige, cela leur a valu le nom populaire de « vers de neige ».

La cantharide s'installe sur les feuilles des végétaux pour y chasser les chenilles.

J'en veux chez moi !

Les cantharides apprécient les zones d'herbes hautes mêlées de fleurs et les lisières des haies bien ensoleillées à l'âge adulte ; les zones couvertes de feuilles mortes et autres débris végétaux à l'état de larves. Une haie champêtre bordée d'un ourlet fleuri permet de les fixer au jardin.

Une haie champêtre et fleurie, bien ensoleillée, est un parfait refuge à cantharides.

La cétoine dorée (*Cetonia aurata*)

Le scarabée des roses

La reconnaître

Le corps de 1,5 à 2,5 cm de long est vert métallique à reflets cuivrés. Les élytres, ailes durcies couvrant l'abdomen, sont souvent marqués de crevasses blanchâtres. Les cétoines sortent leurs ailes pour voler sans ouvrir leurs élytres.

Nymphe de cétoine dorée dans sa coque de terre.

L'adulte broute les étamines des fleurs pour se nourrir de pollen, léchant un peu de nectar et croquant quelques pétales au passage. Les roses l'attirent plus particulièrement. Vous pouvez aussi l'observer sur des fruits mûrs tombés au sol dont il lèche les jus sucrés.

Si la cétoine dorée s'attaque aux fleurs de certains arbres fruitiers, elle n'est jamais très abondante et ses dégâts sont minimes. La petite cétoine hérissée, noirâtre marquée de petites taches blanches, aux mœurs semblables, peut commettre quelques dégâts, notamment dans des jardins environnés de cultures de colza en fleurs sur lesquelles elle peut pulluler.

Son action au jardin

La larve vit dans le sol, où elle participe au recyclage de la matière organique morte. Elle prospère en effet dans les souches pourries, les écorces décomposées, les tas de feuilles mortes ou de compost, les paillis d'herbe hachée par la tondeuse.
Très semblable à celle du hanneton, et pour cela très souvent détruite par erreur, elle s'en distingue par ses courtes pattes, bien moins longues que la largeur du corps, et par les courts poils qu'elle porte sur le dos. Posée sur une surface lisse, elle ne se sert pas de ses pattes pour fuir, mais se met sur le dos et rampe grâce à ces poils !

J'en veux chez moi !

Embauchez les larves de cétoine à votre profit. Entassez contre un mur regardant au nord, ou toute autre structure abritée du soleil, les feuilles mortes que vous ramassez dans la pelouse et les allées à l'automne. Les cétoines viendront rapidement y pondre et les larves produiront un excellent terreau qui s'accumule en bas du tas. Prélevez-le chaque année pour rempoter vos plantes d'intérieur ou pour enrichir les planches de semis, et n'oubliez pas de recharger le tas chaque automne avec des feuilles mortes.

Conservez les feuilles mortes entassées contre un mur, à l'abri du soleil, pour que les cétoines y pondent.

Le clyte-bélier (*Clytus arietis*)

L'insecte des poteaux

Accouplement de clytes-béliers.

Le reconnaître

Le corps, long de 1 à 1,5 cm, est allongé avec les bords parallèles, noir marqué de bandes jaunes droites ou plus ou moins courbées. Les antennes sont assez longues.

Le clyte-bélier fait partie de la famille des longicornes, qui doivent leur nom à leurs antennes particulièrement développées. Celles du clyte-bélier restent modestes, comparées à celles d'autres espèces aussi fréquentes dans les jardins, comme le petit capricorne, ou capricorne de Scopoli, dont les antennes dépassent l'arrière du corps.

Les longicornes sont remarquables par les mœurs des larves, qui vivent à l'intérieur des végétaux et dont la plupart rongent le bois mort. Ils peuvent accessoirement poser quelques problèmes, quand ils s'attaquent à du bois ouvré.

Son action au jardin

Les longicornes font partie de la vaste famille des recycleurs, accélérant grandement la dégradation et la disparition des plus gros troncs. Ils rendent également un autre service méconnu. Les trous d'émergence des adultes sont souvent utilisés par les abeilles solitaires, excellentes pollinisatrices, ou par les guêpes prédatrices pour y établir leurs nids. À ce titre, leur présence au jardin est un plus pour la biodiversité.

La carapace du clyte-bélier n'est pas suffisante pour le protéger des crocs d'une araignée.

J'en veux chez moi !

La larve du clyte-bélier se développe souvent dans les piquets de clôture en bois, ce qui explique sa fréquence dans les jardins. Mais ses dégâts sont peu importants, les piquets pourrissant plus vite par leur partie enterrée à cause des champignons. Dans la nature, elle se cantonne aux branches mortes encore portées par les troncs ou déjà tombées au sol.

Le clyte-bélier et les autres longicornes du jardin consommant le bois mort de nombreuses essences communes, laissez pourrir dans un coin tranquille de la haie les branches mortes tombées naturellement ou que vous aurez coupées. Vous pouvez également entasser les déchets d'élagage, voire quelques rondins de bois de chauffage.

Un tronc ou une souche pourrissante sont le repaire de nombreux insectes, dont le clyte-bélier, qui participe à sa décomposition.

Le nécrophore croque-mort (*Nicrophorus vespillo*)

Fossoyeur bénévole

Cette larve de carabe ressemble beaucoup à une larve de nécrophore. Mais cette dernière est blanchâtre et est difficile à voir, car elle vit sur les cadavres enterrés.

Le reconnaître

Le corps, de 1 à 2,5 cm de long, est large avec l'abdomen en pointe dépassant des élytres. La tête et le thorax sont noirs, la massue des antennes orangée. Les élytres sont noirs, barrés de deux bandes rouge orangé aux bords en zigzag.

Les nécrophores rassemblent plusieurs espèces d'aspect très semblable, entièrement noires ou marquées de bandes rouge orangé. Au moment de la reproduction, un seul couple reste maître du cadavre après son enterrement, au prix de combats acharnés. Il débarrasse le cadavre des poils ou des plumes de sa surface et pétrit une boule de chair dans une cavité. Puis la femelle pond ses œufs au fond d'une galerie sinueuse débouchant dans cette cavité, qu'elle surveille jusqu'à leur éclosion. Au début, la mère donne à manger aux larves, en prélevant le liquide putride qui suinte du cadavre. Certaines espèces abandonnent les larves âgées sur le garde-manger, et celles-ci finissent leur développement en se nourrissant directement dessus.

Son action au jardin

Rassemblés à plusieurs autour du cadavre, les nécrophores creusent le sol en dessous et celui-ci s'enfonce peu à peu. En quelques heures, il a complètement disparu, enterré sous quelques centimètres de terre. En terrain meuble, ils peuvent le faire disparaître jusqu'à 30 cm de profondeur. Si le sol est trop dur pour que la charogne soit enterrée, celle-ci est consommée sur place par les adultes. Grâce aux nécrophores, les petits cadavres disparaissent le plus souvent avant de pouvoir devenir une source d'infection.

J'en veux chez moi !

Si vous trouvez le cadavre d'un petit oiseau ou d'un petit rongeur écrasé par une voiture ou rapporté sur le seuil de la porte par le chat, ne le mettez pas à la poubelle, mais posez-le au fond du jardin dans une plate-bande au sol meuble. Les nécrophores ne tarderont pas à venir l'enterrer.

Véritables fossoyeurs, ils enterrent rapidement les petites charognes dont ils se nourrissent. Leur odorat très sensible leur permet de les repérer à distance et ils arrivent en vol.

Les nécrophores sont attirés par l'odeur de cadavres situés jusqu'à 1 km de distance !

La chrysope commune (*Chrysopa carnea*)

Demoiselle aux yeux d'or

La reconnaître

Le corps, de 1 à 1,5 cm de longueur, est grêle, allongé, vert vif virant au brun-rose en hiver. Les yeux globuleux ont des reflets dorés. Les ailes irisées d'aspect fragile dépassent largement l'abdomen au repos.

Œufs de chrysope.

La chrysope ne chasse qu'une seule proie : les pucerons. Elle en consomme de grandes quantités tout au long de sa vie larvaire et adulte. L'adulte se délecte toutefois également de nectar et de pollen.

Le dessous des feuilles des plantes envahies de pucerons présente parfois de drôles d'œufs, suspendus au bout d'une longue queue. C'est la signature de la chrysope, qui les place ainsi pour éloigner sa progéniture des prédateurs qui arpentent les feuilles, et pour diminuer l'attaque des moisissures en favorisant la circulation de l'air.

Pour protéger cet insecte utile, évitez les produits phytosanitaires et les insecticides, auxquels il est très sensible, et offrez-lui un abri pour l'hiver.

SON ACTION AU JARDIN

La larve aussitôt éclose part à la recherche de ses proies. Elle les transperce de ses deux mandibules acérées, pour en aspirer les sucs. Elle se sert ensuite de la dépouille vide pour camoufler son corps. Elle peut manger de 200 à 500 pucerons durant son développement, ce qui lui a valu le nom assez mérité de « lion des pucerons ». L'adulte mange aussi des pucerons, mais comme il n'a plus besoin de grossir, il est moins boulimique que la larve. Du fait que les femelles commencent à pondre très tôt, dès la fin de l'hiver, les larves peuvent freiner efficacement la prolifération des pucerons et les maintenir sous un seuil acceptable. L'espèce est d'ailleurs élevée et vendue dans les circuits spécialisés pour protéger les cultures sous serre.

Chrysope dévorant un puceron.

J'EN VEUX CHEZ MOI !

La chrysope passe l'hiver à l'état adulte et se réfugie souvent dans les greniers, les garages, derrière les volets, dans les cabanes de jardin. Elle perd alors sa couleur verte pour virer au brun-rose. Il ne faut pas la déranger, pour éviter qu'elle ne brûle inutilement ses réserves, qui risquent de lui manquer à la fin de l'hiver. Mais si elle s'est introduite dans une pièce qui sera chauffée, il est obligatoire de la transférer dans un endroit tranquille non chauffé, où elle ne risque pas de reprendre trop tôt son activité.

Refuge à chrysopes.

Le paon du jour (*Inachis io*)

Réfugié de l'hiver

Le reconnaître

Le dessus des ailes, de 5 à 6 cm d'envergure, est rouge brique marqué de brun et de noir sur les bords, avec une grosse tache ronde jaune et bleu à reflets métalliques sur chacune d'elles.

Chenille de paon du jour.

Le paon de jour est l'un des papillons les plus fréquents du jardin et certainement le plus coloré, ajoutant au plaisir des yeux quand il vient butiner les fleurs. Il hiverne souvent dans les greniers et les caves à l'état de papillon. C'est pourquoi il n'est pas rare de le voir voleter dès les premiers réchauffements de février. Il est souvent accompagné du citron, un papillon tout jaune.

La chenille est noire, finement ponctuée de blanc et ornée d'appendices plumeux. Elle vit en groupe sur le feuillage des orties, qui la nourrissent.

Son action au jardin

Le paon du jour cohabite sans problème avec l'homme, car la chenille se nourrit du feuillage de l'ortie, qui abonde toujours auprès des habitations. L'adulte butine les fleurs que tous les jardins offrent en abondance. Il participe à leur pollinisation, son corps poilu retenant bien le pollen. D'autres papillons liés à l'ortie et très colorés se rencontrent communément au jardin, comme la petite tortue, le vulcain ou l'écaille martre par exemple.

Le lierre attire souvent le paon du jour.

J'en veux chez moi !

En laissant pousser dans un coin tranquille un buisson d'ortie, vous fournissez la plante dont le paon de jour et les autres ont besoin pour se reproduire. L'ortie est facile à installer, en prélevant dans la nature quelques tronçons de racines traçantes, mais il faut la planter dans une terre très riche, l'emplacement d'un ancien tas de compost par exemple.

Les papillons nés à la fin de l'été butinent les fleurs à l'automne pour accumuler des réserves afin de passer l'hiver. Introduisez au jardin du lierre, des asters et autres plantes ornementales qui fleurissent en septembre-octobre et feront leur bonheur à cette période.

Les adultes se réfugient aux premiers froids dans un arbre creux, un trou de rocher, au cœur d'un lierre épais ou dans une cave ou un abri de jardin. Dans ces derniers cas, ne les dérangez pas, tout réveil intempestif pouvant leur être fatal. Ne les déplacez que si la pièce où ils ont élu domicile doit être chauffée. S'ils ont hiverné dans une pièce close, laissez une fenêtre ou une porte ouverte au printemps pour qu'ils puissent regagner le jardin. Si vous pouvez retirer un carreau de vitre, vous leur offrirez un accès permanent vers la liberté.

Asters (en bas) et orties (ci-dessous) sont des incontournables du régime alimentaire du paon du jour.

Le moro-sphinx (*Macroglossum stellatarum*)

Le papillon colibri

Le reconnaître

Les ailes de 5 à 6 cm d'envergure sont invisibles en vol tellement les battements sont rapides. Le corps est large, poilu, brun grisâtre avec deux zones blanches sur les côtés.

Chenille du moro-sphinx.

Le moro-sphinx, avec quelques espèces proches plus rares, est une exception dans la famille des sphinx crépusculaires et nocturnes, car il butine les fleurs en plein jour. Il fait du surplace pour butiner les fleurs sans se poser, comme suspendu en l'air.

Migrateur au vol puissant, le moro-sphinx remonte chaque année vers le nord, parcourant des centaines de kilomètres. Sa survie hivernale dans nos régions est très aléatoire, chenilles et chrysalides enfoncées peu profondément en terre ne résistant pas au gel. Les premiers papillons visibles au printemps viennent du sud, bien que certains aient pu passer l'hiver sur place les années douces. La génération de fin d'été et d'automne, la plus nombreuse, est composée au contraire principalement de papillons nés sur place et de quelques migrateurs.

SON ACTION AU JARDIN

Pour butiner, le moro-sphinx déroule sa longue trompe au fond des corolles afin de pomper le nectar riche en sucre, carburant indispensable au fonctionnement de ses muscles. À cette occasion, il peut emporter un peu de pollen, et il contribue ainsi à la pollinisation des fleurs qu'il visite.
La chenille passe généralement inaperçue. Verte, ornée de quelques pustules et d'une corne au bout de l'abdomen, elle se nourrit du feuillage du gaillet blanc, du gaillet jaune et parfois de la garance, ces plantes collantes fréquentes dans les herbes et au pied des haies.

Gaillet jaune.

J'EN VEUX CHEZ MOI !

Un coin un peu sauvage au pied de la haie permet d'accueillir gaillets et garance voyageuse, qui nourrissent la chenille. Vous pouvez aussi transformer un parterre de fleurs en station-service pour moro-sphinx en plantant les espèces qu'il apprécie pour leur richesse en nectar. Des centaurées, des centranthes rouges, des géraniums, des pétunias, des phlox, des saponaires, quelques touffes de lavande de diverses variétés pour étaler la floraison feront son bonheur.

Moro-sphinx butinant une fleur de buddléia, ou arbre aux papillons.

L'APANTÉLÈS AGGLOMÉRÉ *(Apanteles glomeratus)*

Pondu par les chenilles

Le reconnaître

Le corps est minuscule, de 3 à 4 mm de long tout au plus, noir avec deux zones claires de chaque côté à l'avant de l'abdomen.

Larves d'apantélès sortant d'une chenille.

La famille des braconides, à laquelle appartient l'apantélès, et celle très proche des ichneumonides, rassemblent des guêpes parasites d'insectes. Chenilles et pucerons, qui sont parmi les espèces les plus gênantes au jardin, sont particulièrement touchés. La présence de ces guêpes parasites garantit un relatif équilibre des populations de ravageurs potentiels au jardin sans qu'il soit besoin d'intervenir.

Comme elles sont parmi les premières victimes des insecticides chimiques, leur disparition entraîne des déséquilibres graves et des pullulations brutales d'espèces à problème.

Son action au jardin

La femelle de l'apantélès butine les fleurs pour se nourrir. Elle repère à l'odeur les chenilles de piéride, notamment celle du chou, pour inoculer ses œufs dans son corps. Elle peut pondre 2 000 œufs dans sa vie, à raison de 15 à 50 par chenille.
Les larves éclosent rapidement et se nourrissent d'abord des graisses et du sang de leur hôte sans attaquer ses organes vitaux. Ceux-ci ne sont dévorés qu'à la fin du développement des larves, qui tuent ainsi la chenille. Elles sortent ensuite en perforant la peau, puis tissent leur cocon de soie jaune autour de la dépouille vide. Les vieux jardiniers croyaient que la chenille avait pondu. Cette espèce est une pionnière de la lutte biologique, introduite dès 1883 aux États-Unis pour lutter contre la piéride du chou.

Chenilles de piéride du chou.

J'en veux chez moi !

Des bandes fleuries en bordure du potager, ou des pieds de phacélie ou d'ombellifères comme la carotte, le persil ou le cerfeuil en fleurs parmi les choux attirent les adultes, qui viennent s'y nourrir.

Les amas de cocons près des chenilles mortes ne doivent pas être détruits, mis à la poubelle ou sur le tas de compost, mais laissés près de la planche de choux, pour maintenir la population d'apantélès à son niveau le plus haut.

Pour protéger vos plantations de choux des chenilles, rien ne vaut l'apantélès.

L'AMMOPHILE DES SABLES (*Ammophila sabulosa*)

Experte en anatomie

La reconnaître

Le corps, de 1 à 2 cm de long, est fin et gracile, très allongé, avec un étranglement bien marqué entre le thorax et l'abdomen, la « taille de guêpe ». Sa couleur générale est noire, avec l'avant de l'abdomen rouge orangé.

Ammophile transportant une chenille.

Seul l'adulte est visible au jardin, car la larve passe sa vie dans un terrier creusé par la femelle dans le sable ou la terre meuble. Comme toutes les guêpes, elle boit le nectar des fleurs, qu'elle visite régulièrement. Mais pour nourrir ses larves, elle chasse de grosses chenilles qu'elle paralyse d'un coup d'aiguillon, avant de les traîner au sol ventre en l'air pour les enfermer au fond du terrier qu'elle a creusé au préalable. Elle pond alors son œuf sur la tête de la chenille avant de boucher la galerie d'entrée. Puis elle creuse un nouveau terrier et recommence à chasser. L'ouverture des terriers est soigneusement refermée au moyen de petits graviers. Chaque cellule est garnie d'une ou deux chenilles.

SON ACTION AU JARDIN

Pour conserver des provisions fraîches à ses larves, l'ammophile des sables ne tue pas les chenilles qu'elle attrape, mais les paralyse de quelques coups d'aiguillon bien placés. Elle a une connaissance innée de l'anatomie de ses proies et dépose une goutte de venin au niveau de chaque amas nerveux ou ganglion qui commande les mouvements d'un segment du thorax. Les chenilles sont ainsi condamnées à mourir dévorées vivantes de l'intérieur sans pouvoir faire un geste pour se défendre.
Il existe de nombreuses guêpes prédatrices paralysant des proies diverses : grillons, courtilières, larves de charançon, de chrysomèles, buprestes, pucerons, etc. Sans avoir l'efficacité des guêpes parasites pour contrôler les espèces à problème, elles jouent un rôle important dans l'équilibre du jardin.

L'ammophile traîne ses proies paralysées jusqu'à son terrier pour y pondre ses œufs.

J'EN VEUX CHEZ MOI !

Un parterre ou des bandes de fleurs peu profondes, ombellifères et composées, notamment, attirent les adultes en leur fournissant la nourriture dont ils ont besoin. Un tas de sable abandonné dans un coin, une zone de terre nue, du bois mort troué par les longicornes, des chicots de tiges sèches creuses ou remplies de moelle tendre offrent aux femelles des endroits pour nicher.

Bûches percées et bottes de tiges creuses offrent un très bon lieu de nidification à de nombreuses guêpes prédatrices.

Le frelon (*Vespa crabro*)

Amateur de fruits mûrs

Nid de frelons.

Le reconnaître

Le corps, long de 2 à 3,5 cm, est noir et jaune. L'avant de l'abdomen, le thorax, la tête et les pattes sont généralement marqués de roux vif. Ces marques sont réduites chez certains individus des régions méridionales.

Le frelon, comme les autres espèces sociales vivant près de l'homme, guêpes commune et germanique ou polistes, a mauvaise réputation à cause de sa piqûre douloureuse pouvant causer des accidents allergiques, bien qu'il soit peu agressif. Son attirance pour le sucre lui fait aimer les fruits mûrs. À la fin de l'été, quand les populations sont nombreuses, les frelons peuvent abîmer les raisins ou les pommes. Mais contrairement aux guêpes commune et germanique, ils ne s'intéressent pas à la confiture et aux autres plats sucrés, et ne viennent jamais se nourrir sur les tables.

Toujours dissimulé, le nid peut mesurer 70 cm de haut pour 40 cm de diamètre. Comme chez toutes les guêpes sociales, l'édification du nid s'amorce aux premiers jours du printemps par une femelle fondatrice fécondée durant l'automne précédent, reine de la future colonie.

SON ACTION AU JARDIN

Ses inconvénients réels ne doivent pas faire oublier que les larves sont carnivores. Pour les nourrir à la becquée, les adultes capturent surtout des mouches, jusqu'à 1 000 dans leur vie, mais aussi des abeilles domestiques, voire d'autres guêpes. Ils ne gardent que le thorax, riche en muscles, qu'ils réduisent en bouillie pour donner la becquée aux larves. À ce titre, les frelons jouent un rôle régulateur important au jardin, tout comme les autres guêpes sociales, qui s'attaquent aussi aux chenilles, aux pucerons, aux moustiques, etc.

Les différentes enveloppes du nid de papier emprisonnent des couches d'air et constituent une paroi isolante performante.

COMMENT LE RÉGULER ?

Les nids, construits selon les espèces dans un arbre creux, dans un bâtiment ou dans le sol, ne nécessitent une destruction que lorsqu'ils posent un problème de sécurité. Détruisez les ébauches de nids indésirables dès le printemps, en inspectant régulièrement les endroits favorables où leur installation n'est pas souhaitée. Si un gros nid doit être détruit, appelez des professionnels pour éviter tout accident.

En fin d'été, vous pouvez protéger les fruits les plus précieux en les ensachant, et interdire l'entrée de la maison aux guêpes en mettant des moustiquaires aux fenêtres, des rideaux de perles aux portes, en posant des cloches grillagées sur les aliments les plus attractifs.

Le frelon est capable de percer la peau des fruits avec ses puissantes mandibules pour en lécher le jus sucré.

Le bourdon terrestre (*Bombus terrestris*)

Poilu mal rasé

Le reconnaître

Le corps, de 2 à 2,5 cm de long, est très poilu, noir avec une bande jaune sur le thorax et une autre à l'avant de l'abdomen. Ces bandes sont de largeur variable et parfois très délavées. Le bout de l'abdomen est blanc.

Les bourdons, dont cette espèce est l'une des plus fréquentes au jardin, se nourrissent de nectar et de pollen tout au long de leur vie. À l'instar des autres abeilles, ce sont d'excellents pollinisateurs des fleurs sauvages comme des cultures, grâce à leurs poils denses qui retiennent bien les grains de pollen. Cette fourrure les protège du froid, et ce sont les premiers à sortir butiner à la fin de l'hiver, le matin ou après un orage, toujours plus tôt que les abeilles domestiques.

Le bourdon nidifie à terre dans tous les habitats ouverts et surtout dans les anciens nids de mammifères. Une colonie peut compter jusqu'à 600 individus. Les grosses femelles accouplées en automne seront les premières à sortir au printemps pour rechercher un emplacement pour le nid.

SON ACTION AU JARDIN

Le bourdon terrestre a une technique particulière de butinage. Sur certaines fleurs, il bat des ailes très rapidement, émettant un bourdonnement à haute fréquence. Les vibrations ainsi générées ont pour effet de libérer le pollen. Au jardin, il pollinise efficacement les tomates, qui possèdent ce type de fleurs, et qui sans lui produiraient beaucoup moins de fruits. Mais il visite bien d'autres légumes, des pois et haricots aux courges.

Le bourdon est un pollinisateur très efficace.

J'EN VEUX CHEZ MOI !

Nichant dans les trous du sol, des pierres ou des arbres pour y installer leur petite société collective annuelle, les bourdons apprécient un ourlet d'herbes hautes le long de la haie, où un amoncellement de pierres, un tas de bois augmentent les opportunités de nicher. À défaut, ils sauront se contenter d'un vide sous une cabane de jardin ou d'un nichoir à oiseau.

Les bourdons ont besoin de butiner de la fin de l'hiver à l'automne pour élever leurs larves. Organisez les parterres de fleurs de façon à leur offrir des ressources en nectar et en pollen tout au long de la belle saison, en favorisant les plantes de la famille des labiées (sauge, menthe, lavande, thym, etc.). Laissez aussi fleurir les plantes sauvages les plus précoces, comme le pissenlit et le lamier. Plantez un saule dans la haie, ses chatons qui s'ouvrent à la fin de l'hiver sont très visités.

Refuge à bourdons : enterrez dans le sol un pot rempli de paille.

Les chatons de saule attirent tout particulièrement les bourdons.

L'osmie cornue (*Osmia cornuta*)

Squatter des trous de fenêtre

La reconnaître

Le corps de 8 à 13 mm de long est replet et très poilu. La tête et le thorax sont noirs, alors que l'abdomen est roux vif. Les mâles, plus précoces que les femelles, ont un toupet blanc sur le front.

Trou de fenêtre bouché par une osmie.

Trois espèces d'osmies aux mœurs très semblables fréquentent les jardins, et celle-ci est l'une des plus fréquentes. Son corps poilu, qui la fait souvent confondre avec un petit bourdon, ainsi que son abdomen très coloré sont caractéristiques.

La femelle construit ses cellules dans des galeries du bois mort ou des tiges creuses. Comme ces ressources sont rares dans les jardins modernes trop policés, les osmies occupent souvent le trou d'évacuation de l'eau des fenêtres, dont le diamètre leur convient parfaitement. Butinant inlassablement durant 4 à 6 semaines, elles accumulent des pains de pâtée de pollen sur lesquels elles pondent un œuf avant de fermer chaque cellule. La galerie est finalement bouchée avec de la terre.

SON ACTION AU JARDIN

Les mâles, qui apparaissent les premiers à la fin de l'hiver, annoncent le retour des beaux jours. Les femelles sortent de 10 à 12 jours plus tard et ne sont actives que quelques semaines. Elles disparaissent dès le milieu du printemps.
Cette période d'activité correspondant à la floraison des arbres fruitiers, les osmies contribuent très efficacement à leur pollinisation, car elles sortent même les jours froids ou faiblement pluvieux, alors que l'abeille domestique reste à la ruche.

Nichoir à osmies bien rempli.

L'osmie rousse (*Osmia rufa*) est également fréquente dans les jardins.

J'EN VEUX CHEZ MOI !

Les osmies souffrent d'une crise aiguë et chronique du logement. Vous pouvez la résoudre en leur offrant des nichoirs. Confectionnez une botte de tiges creuses (bambou ou berce par exemple) fermées à un bout, ou bien percez des trous de 8 mm de diamètre dans une bûche de bois dur sans qu'ils ne traversent. Fixez votre nichoir sous l'appui d'une fenêtre ou dans l'encadrement d'une porte, contre un mur de clôture ou de la cabane du jardin, à hauteur des yeux, et si possible en choisissant une orientation est ou sud-est.

Cellules d'osmie dans le tube transparent d'un nichoir d'observation.

Le syrphe-bâton *(Episyrphus balteatus)*

Une mouche habillée en guêpe

Le reconnaître

Le corps de 7 à 11 mm de long est étroit. La tête porte de gros yeux rougeâtres. Le thorax bombé est noir avec des poils fauves, alors que l'abdomen est jaune à bandes noires.

Le syrphe-bâton est reconnaissable à ses grands yeux rougeâtres.

Les syrphes adultes butinent les fleurs, surtout celles peu profondes rassemblées en ombelles plates. Les larves, au contraire, ont des mœurs variées. Quelques-unes sont végétariennes et peuvent causer des dégâts aux bulbes, aux racines et au feuillage de diverses plantes cultivées. D'autres participent au recyclage des déchets en se nourrissant de matière organique morte. Mais la catégorie la plus intéressante, à laquelle appartient le syrphe-bâton, rassemble les espèces carnassières qui s'attaquent notamment aux pucerons.

De nombreuses espèces de syrphes arborent une livrée de guêpe ; ce mimétisme est censé les protéger contre leurs ennemis.

SON ACTION AU JARDIN

Les larves, asticots sans pattes ni yeux, se déplacent en rampant à la recherche de leurs proies. La tête pointue se penche à droite puis à gauche, perforant la peau pour en sucer les sucs quand elle rencontre un puceron. Lorsque les proies sont abondantes, la larve de syrphe en tue bien plus qu'elle n'en consomme, contribuant ainsi à réduire rapidement les pullulations. Une larve âgée peut ainsi tuer plus d'une centaine de pucerons par jour. Les larves de syrphe s'observent facilement sur les rosiers.

Larve de syrphe dévorant un puceron.

J'EN VEUX CHEZ MOI !

Si vous souhaitez que les larves fassent le ménage dans vos colonies de pucerons, attirez les adultes près des cultures à protéger en semant des bandes fleuries. Ils apprécient particulièrement les ombellifères, au nectar facilement accessible.

Au potager, laissez fleurir le persil, le cerfeuil, la carotte, le céleri, le fenouil, l'aneth et le panais. Vous produirez ainsi vos propres graines tout en améliorant les défenses naturelles des cultures. Au verger, préférez des bandes fleuries à base d'engrais verts très attractifs et faciles à se procurer dans le commerce : phacélie, moutarde blanche et sarrasin. Dans les plates-bandes décoratives près des rosiers, faites une place à la marguerite, à l'onagre ou au souci. Parmi les plantes sauvages, la berce est très visitée.

À gauche : marguerite.
Au centre : berce.
À droite : souci.

Les tachinaires (Famille des *Tachinidae*)

Perceuses de chenilles

Les reconnaître

Le corps, de taille variable selon les espèces, varie de 5 mm à 2 cm de long. Trapu, il est souvent muni de poils raides et plus ou moins épars, notamment sur l'abdomen.

Il existe près de 300 tachinaires dans nos régions, presque toutes parasites d'insectes, certains parmi les plus gênants au jardin : punaises, tenthrèdes, tipules, hannetons et surtout chenilles diverses et variées. L'une des plus visibles au jardin, la grosse échinomyie sauvage, s'est spécialisée dans les chenilles de papillons nocturnes, en particulier les vers gris, larves de noctuelle s'attaquant aux racines des salades et autres légumes.

Les adultes recherchent le soleil et volent rapidement, ne tenant pas en place. Ils fréquentent les fleurs, en particulier celles d'ombellifères, peu profondes et plus faciles à lécher. Les tachinaires ont besoin de sucre pour se reproduire, et elles boivent également le miellat des pucerons ou la sève suintant des blessures des arbres.

SON ACTION AU JARDIN

L'échinomyie sauvage pond des œufs prêts à éclore à proximité des chenilles. Les larves nouveau-nées percent la peau de leur futur hôte pour pénétrer à l'intérieur du corps. Elles s'y développent au détriment des réserves de graisses, puis des organes vitaux. La chenille finit par mourir, et la larve qui a terminé sa croissance quitte le cadavre pour s'enfoncer dans le sol et se transformer en pupe. La mouche émerge à la fin du printemps qui suit.

L'échinomyie pond ses œufs près des chenilles, dont se nourrissent les larves.

J'EN VEUX CHEZ MOI !

Des bandes fleuries au potager ou au verger, composées de phacélie ou de moutarde blanche, sont très attractives pour les adultes. En laissant fleurir des ombellifères sauvages au pied de la haie, comme la berce et le fenouil, et au potager des légumes et des plantes aromatiques de la même famille comme la carotte, le céleri, le persil et le cerfeuil, vous augmentez les chances de voir les tachinaires pondre près des vers gris et autres espèces à problème attaquant les cultures.

À gauche : phacélie.
Au centre : persil.
À droite : moutarde blanche.

Autres invertébrés

Le ver de terre (*Lumbricus terrestris*)

Un laboureur infatigable

Le reconnaître

Le corps peut mesurer jusqu'à 30 cm de longueur. Il est cylindrique, segmenté, recouvert de petites soies raides et d'un mucus luisant, avec une zone plus épaisse vers son milieu.

Les vers de terre sont indispensables au drainage du sol.

Véritables laboureurs de l'ombre, les vers de terre peuvent creuser des galeries verticales jusqu'à 1,50 m de profondeur. Ils entraînent au fond les feuilles mortes et autres débris végétaux dont ils se nourrissent. Ils remontent du sous-sol des nutriments minéraux auparavant inaccessibles aux racines des plantes, car entraînés en profondeur par le lessivage des pluies.

Les innombrables galeries creusées par les vers de terre assurent également un bon drainage du sol, permettant à l'eau de surface de s'enfoncer plus rapidement quand il pleut et à l'oxygène de l'air de mieux pénétrer vers les racines.

SON ACTION AU JARDIN

Le rôle des vers de terre dans la fertilité naturelle de la terre du jardin est fondamental. Car outre leur action directe dans le mélange des couches du sol, leur travail digestif et mécanique stimule beaucoup la vie microbienne, qui est à la base du cycle de minéralisation des déchets végétaux. Le corps des vers de terre est composé essentiellement de protéines facilement assimilables. Aussi sont-ils des proies recherchées par divers habitants du jardin. Les merles, les grives, les rougegorges, parmi les oiseaux, les musaraignes, les taupes, les hérissons, parmi les mammifères, en sont friands.

Outre leur action sur la fertilité de la terre, les vers de terre sont aussi une source de protéines pour les oiseaux et les mammifères.

J'EN VEUX CHEZ MOI !

Renoncez aux traitements chimiques, auxquels les vers de terre sont sensibles. Même des traitements biologiques comme la bouillie bordelaise, à base de sulfate de cuivre, leur sont fatals à la longue, le taux en métaux lourds du sol finissant par dépasser un seuil critique.

Pour qu'ils ne manquent pas de nourriture, laissez les feuilles mortes se décomposer sur le sol et compostez les déchets végétaux de la cuisine en surface, pour ne pas laisser le sol nu. Très sensibles au dessèchement, les vers de terre supportent bien mieux un bêchage ou un labourage effectué en fin d'après-midi ou par temps couvert.

Laissez les feuilles mortes se décomposer au sol afin de nourrir les vers de terre.

Le ver du fumier (*Eisenia foetida*)

Réducteur de déchets

Le reconnaître

Le corps, pouvant atteindre 13 cm de long, présente des anneaux alternativement rouge foncé à bruns et jaunâtres. Son odeur désagréable lui a valu son nom latin de *foetida* (fétide).

Si les vers de terre sont des mineurs de fond, les vers du fumier restent à la surface du sol et ne creusent jamais de galeries dans la terre. Dans la nature, ils vivent dans la litière, la couche de matière végétale en décomposition, qui leur fournit à la fois abri et nourriture. Au jardin, ils sont souvent confinés dans le tas de compost, sauf si le jardinier est un adepte du compostage en surface, du paillage ou des mulchs.

L'appétit des vers du fumier pour toutes les matières végétales mortes mais fraîches les a fait enrôler par certains jardiniers pour réduire rapidement les déchets de cuisine par la technique du lombricompostage. Il vaut d'ailleurs mieux dire vermicompostage, puisque les vers du fumier ne sont pas des lombrics.

Son action au jardin

Ce sont d'efficaces recycleurs, dont le rôle est de commencer le travail de dégradation de la matière organique morte. En l'ingérant et en la digérant, ils la fragmentent en de minuscules crottes qui seront beaucoup plus rapidement attaquées par les bactéries qui finissent par minéraliser la matière organique, la rendant ainsi de nouveau assimilable par les racines des plantes.

J'en veux chez moi !

Le principe du vermicompostage est simple. Les déchets organiques de la cuisine sont mis dans un container spécial qui contient des vers du fumier. Ceux-ci mangent et digèrent ces déchets, réduisant considérablement leur volume, les transformant en un engrais très riche pour le jardin. Il suffit de vider régulièrement le container en conservant quelques vers pour continuer le cycle.

Si le container est situé dans une pièce chauffée, le processus se poursuit été comme hiver. C'est une façon écologique de réduire considérablement les déchets mis à la poubelle, y compris en ville et en appartement.

Un vermicomposteur permet de recycler ses déchets de cuisine en laissant tout le travail aux vers du fumier !

Les cloportes (sous-ordre des *Oniscoïdea*)

La terreur des moustiques

Les reconnaître

Le corps, de 1 à 2 cm de long, est ovale et aplati. Il est constitué d'anneaux articulés et il est muni de 7 paires de pattes. La couleur de fond est grisâtre à brunâtre selon les espèces.

Les articulations des plaques protégeant le dos sont si souples que certaines espèces, comme l'armadille, peuvent se rouler en boule.

Les cloportes sont des crustacés adaptés à la vie terrestre. Une demi-douzaine d'espèces peuvent se rencontrer dans les jardins, le cloporte des murs, celui des mousses, celui des caves, ou l'armadille commune notamment. Cette dernière espèce se reconnaît à sa capacité de se rouler en boule quand elle se sent en danger.

Les cloportes peuvent s'accumuler en grand nombre dans les endroits humides et chauds, bien que leurs populations restent toujours modestes à l'échelle du jardin. Ils servent de proies aux carabes, au crapaud, à l'orvet et à la musaraigne.

S ON ACTION AU JARDIN

Tous les cloportes jouent un rôle actif dans le recyclage de la matière organique morte. Ils consomment en effet de préférence débris végétaux et cadavres de petits animaux. Parfois, ils peuvent attaquer les tissus tendres des végétaux vivants ou chasser de petites proies.
Ce sont également de bons indicateurs écologiques car ils ne supportent pas les métaux lourds et meurent.

Les cloportes sont un bon indicateur écologique et des recycleurs efficaces.

J'EN VEUX CHEZ MOI !

Respirant toujours par des branchies, comme leurs ancêtres marins, les cloportes sont sensibles au dessèchement et ont besoin d'abris pour passer la journée. Quelques bûches abandonnées au pied de la haie, quelques grosses pierres plates dans le gazon, un petit mur de pierres sèches orienté au nord, quelques tuiles ou planchettes en bordure des plates-bandes font l'affaire.

La mousse crée au sol un microclimat humide idéal pour les cloportes. Respectez-la où elle existe, et résistez à la mode qui considère que des plaques de mousse déparent une pelouse. Au contraire, c'est un milieu particulier riche d'une vie originale.

Les cloportes peuvent parfois pulluler dans des enceintes fermées, châssis ou serres, et poser des problèmes en attaquant les jeunes plants. Éliminez les débris végétaux et mettez les pots sur des cales hautes pour supprimer nourriture et abris diurnes.

Mousse et tas de bois : l'habitat idéal pour les cloportes.

Le lithobie fourchu (*Lithobius forficatus*)

Marche avant, marche arrière

Le reconnaître

Le corps peut atteindre jusqu'à 3,5 cm de long. Aplati, il est composé d'une vingtaine de segments et muni de 15 paires de pattes. Sa couleur générale est brun-rouge.

Le lithobie vit dans les fissures du sol ou des écorces.

Le lithobie fourchu est un chasseur à la course qui peut s'attaquer à tous les invertébrés de sa taille, pourvu qu'ils ne soient pas protégés par une carapace trop épaisse pour ses crochets à venin. Évitez de prendre le lithobie entre les doigts. Son venin servant à tuer rapidement les proies les plus remuantes qu'il pourrait avoir du mal à maîtriser rend sa morsure douloureuse, quoique sans danger.

Le corps aplati du lithobie et ses nombreuses pattes lui permettent d'explorer les fissures les plus étroites, dont il est capable de ressortir promptement en faisant marche arrière. Mauvais grimpeur, il se cantonne à la surface du sol et à la litière.

Son action au jardin

Comme les quelques autres mille-pattes carnivores qui fréquentent le jardin, le lithobie chasse surtout cloportes, acariens, araignées, collemboles, pucerons, perce-oreilles et larves d'insectes de toutes sortes. Il reste actif en hiver. Faute de proies vivantes, il peut consommer de petits cadavres et de la matière végétale morte, participant à leur recyclage rapide.
La technique de chasse très primaire du lithobie, lui faisant capturer ce qu'il rencontre lors de ses déplacements, en fait un auxiliaire précieux pour limiter les espèces qui commencent à pulluler. Mais ses propres populations n'étant jamais importantes, son action est insuffisante à elle seule pour régler les problèmes.

Pucerons.

Les larves mangeuses de bois mort sont des proies potentielles du lithobie.

J'en veux chez moi !

Recherchant les fentes aussi bien pour s'abriter que pour chasser, le lithobie colonise les grosses bûches laissées à pourrir avec leur écorce au pied de la haie, ou le dessous des pierres plates ou des planchettes laissées à son intention dans la pelouse ou au bord des plates-bandes. Pour lui offrir un terrain de chasse, abandonnez les feuilles mortes au sol là où elles ne gênent pas, et compostez en surface les déchets végétaux de la cuisine.

Les feuilles mortes, refuge de nombreuses larves, sont un bon terrain de chasse.

L'ARAIGNÉE-LOUP (*Pisaura mirabilis*)

La reine du pouponnage

La reconnaître

Le corps, de 1 à 1,5 cm de long, est allongé et étroit, avec de grandes pattes velues. La coloration générale varie du gris au brun, et l'avant du corps est marqué sur le dessus d'une bande plus sombre barrée d'une fine ligne blanchâtre.

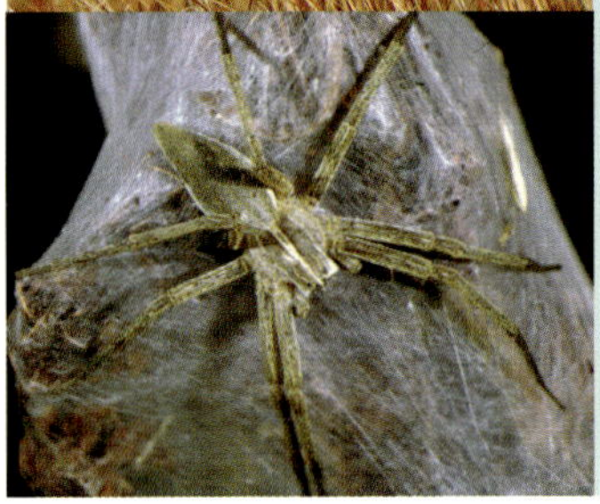

Araignée-loup transportant ses œufs.

L'araignée-loup est l'une des nombreuses araignées ne tissant pas de toile, mais chassant au sol ou dans la végétation à l'affût ou à la course. Au moment de l'accouplement le mâle, beaucoup plus petit que la femelle, lui apporte un présent. Il s'agit d'une proie quelconque fraîchement tuée et emballée dans un voile de soie. La femelle la suce durant l'accouplement, se désintéressant du mâle. Ceux qui se présentent sans cadeau sont généralement dévorés.

La femelle d'araignée-loup transporte ses œufs avec elle, dans un gros cocon de soie qu'elle agrippe avec les crochets de sa bouche. Quand les œufs sont près d'éclore, elle fixe le cocon sur une plante, tisse autour une petite toile protectrice et monte la garde près de cette pouponnière durant les premiers jours de vie de ses larves. Après quelque temps, la mère cesse sa surveillance et les jeunes se dispersent.

Son action au jardin

Les araignées ne chassant que de petites proies vivantes, elles jouent un grand rôle au jardin pour aider à contrôler les pullulations d'insectes. Les adultes chassent dans les herbes, les touffes d'orties, les buissons... Il est facile de les observer quand ils sont immobiles au soleil, les deux premières pattes tendues en avant et réunies. Quand ils chassent, ils courent rapidement et sautent avec vivacité sur les proies qu'ils ont repérées.

Les hautes herbes sont le terrain de chasse de prédilection de l'araignée-loup.

J'en veux chez moi !

Les araignées chassant au sol ou sur la végétation aiment les endroits tranquilles, où la tondeuse à gazon ne passe pas trop souvent, comme les ourlets fleuris à la base d'une haie variée. Elles apprécient également l'abri de quelques grosses pierres posées au sol ou d'un tas de rondins laissé dans un coin.

Quelques grosses pierres ou un tas de rondins suffisent à son bonheur pour s'abriter.

L'ÉPEIRE-DIADÈME (*Araneus diadematus*)

La fileuse nocturne

La reconnaître

Le corps de 1 à 2 cm de long est muni d'un gros abdomen arrondi et renflé marbré de brun, présentant de petites taches blanches arrangées en un motif en forme de croix.

Bébés venant d'éclore.

Comme les autres araignées tisseuses de toile-piège, dont elle est l'un des représentants les plus fréquents au jardin, l'épeire-diadème est spécialisée dans l'interception en vol des insectes. Sa soie engluée est un piège redoutable, et elle consacre le plus gros de ses efforts au filage et à l'entretien de la toile. Celle-ci est en effet très régulièrement reconstruite la nuit.

Tous les insectes volants d'une taille suffisante sont susceptibles d'être pris dans ses filets. Il s'agit donc d'un prédateur généraliste qui prélève les proies les plus nombreuses dans son environnement. À ce titre, elle joue avec les autres araignées un rôle non négligeable dans la régulation des espèces qui commencent à pulluler et qui tombent plus fréquemment dans sa toile.

SON ACTION AU JARDIN

Des études précises sur l'épeire-diadème ont montré qu'elle attrapait surtout des mouches. Si l'on tient compte de l'ensemble des espèces d'araignées tisseuses de toile du jardin, les mouches restent des proies importantes, mais de 40 à 70 % du volume total est composé de pucerons, de thrips, d'acariens et d'autres insectes suceurs. Leur impact sur les populations d'espèces potentiellement gênantes est donc important. Plus généralement, les araignées, qui ne se nourrissent que de petits invertébrés vivants, sont d'excellents indicateurs de la santé des milieux. Là où elles manquent, un déséquilibre s'est installé.

Épeire-diadème emmaillotant sa proie.

Les mouches composent une bonne part du régime alimentaire de l'épeire.

J'EN VEUX CHEZ MOI !

Les araignées à toile ont besoin de tiges hautes ou de branches basses pour fixer leurs fils. Laissez monter en graines les légumes sur certains rangs, ceinturez le jardin d'une haie libre, meublez les espaces trop dégagés de quelques buissons, laissez des ourlets d'herbe haute pour leur offrir autant d'endroits où installer leur piège.

Les araignées à toile ont besoin de tiges hautes ou de branches basses pour fixer leurs fils.

Batraciens & reptiles

LE CRAPAUD COMMUN *(Bufo bufo)*

Un grand gosier

Le reconnaître

Long de 5 à 15 cm, l'adulte est ramassé, avec un museau court et arrondi, et de nombreuses verrues sur la peau mate et brunâtre du dos.

Le crapaud est nocturne à l'âge adulte. Il ne sort le jour que par temps orageux, ou lorsqu'il migre vers les zones de reproduction. Il chasse à vue, en terrain découvert, happant avec sa langue collante les petites proies qu'il détecte avec ses yeux perçants.

Au début du printemps, l'adulte quitte son abri d'hivernage pour se reproduire, puis il rejoint son domaine vital d'été. Ce domaine ne faisant que quelques centaines de mètres carrés, plusieurs crapauds peuvent cohabiter dans un grand jardin. Ils partent à l'automne pour rejoindre un site d'hivernage proche des lieux de reproduction.

Le crapaud saute rarement (sauf s'il est dérangé ou effrayé) et se déplace plutôt en marchant ou en courant, selon l'urgence. C'est un excellent nageur et un bon grimpeur. S'il est effrayé, il s'aplatit au sol en gonflant le corps le plus possible.

SON ACTION AU JARDIN

Son régime alimentaire est uniquement composé d'invertébrés. Il varie selon les opportunités, mais il est essentiellement constitué de proies se mouvant au sol ou près du sol. Insectes volants et diurnes sont donc épargnés. Les hyménoptères, et en particulier les fourmis, les coléoptères, les chenilles, les perce-oreilles, les punaises, les araignées, les mille-pattes et les cloportes ont été relevés parmi ses proies. Contrairement à une idée répandue, le crapaud n'est pas très efficace pour lutter contre les limaces, qu'il ne mange qu'à l'occasion. Mais il joue un rôle important pour contrôler larves de charançons, chenilles de noctuelles et autres insectes végétariens s'attaquant aux cultures basses.

Chenilles de noctuelles et larves de charançon sont très appréciées du crapaud, pour le plus grand plaisir des jardiniers.

J'EN VEUX CHEZ MOI !

Le crapaud se cache le jour dans un trou qu'il creuse à la surface du sol, ou bien sous une grosse pierre, un paillis épais, un tronc mort, dans un trou de petit mammifère. Là où sa présence est la plus souhaitable, au potager notamment, quelques tuiles-canal ou des morceaux de planche posés au bord des parterres faciliteront son repos diurne.

Une haie libre, de petits points d'eau, des cuvettes enterrées à ras de terre, par exemple, remplis régulièrement durant les périodes sèches de l'été sont utiles pour fixer le crapaud, qui apprécie les endroits frais et boisés.

Le crapaud apprécie les endroits frais et humides.

LA GRENOUILLE ROUSSE (*Rana temporaria*)

Une sacrée détente

La reconnaître

Le corps de 5 à 10 cm de long est ramassé, avec le museau arrondi et la peau luisante. La couleur de fond est rousse, marquée de taches noires.

Accouplement de grenouilles rousses.

La grenouille rousse ne se trouve dans les mares et dans les plans d'eau qu'au moment de la reproduction. Le reste de l'année, elle mène une vie terrestre, restant cantonnée sur un domaine vital de quelques centaines, voire quelques dizaines de mètres carrés seulement. Ce n'est qu'au retour des beaux jours, à la sortie de l'hivernage, qu'elle migre pour rejoindre les lieux de reproduction. Elle est active le jour par temps pluvieux et température clémente. L'été, par forte chaleur, elle devient plutôt nocturne ou crépusculaire, cherchant refuge près de l'eau ou dans les endroits frais.

Une espèce proche, la grenouille agile, au dos d'un brun uniforme, a des mœurs assez semblables. Mais elle se trouve dans les zones boisées et à leur périphérie.

SON ACTION AU JARDIN

La grenouille rousse est un animal surtout actif le soir et le matin. Elle chasse les vers, les limaces, les escargots, les insectes (en particulier les criquets et les coléoptères), les araignées et les cloportes. Comme le crapaud, ses proies sont essentiellement terrestres et elle ne capture que très peu d'insectes volants.
Auxiliaire précieux mais méconnu du jardinier, la grenouille rousse ne peut vivre que dans des milieux relativement humides et ombragés, ce qui restreint sa présence dans nombre de jardins à l'entretien trop strict, pelouse rase et haie taillée au carré.

Criquet.

Escargot des jardins.

J'EN VEUX CHEZ MOI !

Une haie libre, un morceau de prairie où la tondeuse à gazon n'entre jamais et entretenu par la fauche, des feuilles mortes, de la mousse, des rondins laissés à pourrir au sol, de grosses pierres ou une mare comme site d'hivernage : le jardin doit faire la part belle à la nature pour espérer attirer et fixer quelques grenouilles rousses.

Cette espèce étant très chassée dans certaines régions pour ses cuisses qui finissent dans les assiettes, le jardin apparaît alors comme une oasis de tranquillité. Une mare naturelle aménagée dans le jardin, au fond vaseux, lui offre à la fois un lieu possible de ponte et un site d'hivernage dans la vase.

Une mare naturelle est un bon plus pour attirer la grenouille rousse dans un jardin.

Le triton palmé (*Triturus helveticus*)

Le pionnier des nouvelles mares

Le reconnaître

Son corps de 7 à 9 cm de longueur est allongé, avec une longue queue aplatie verticalement. Sa couleur de fond est brunâtre à olivâtre marquée de taches sombres sur le dos.

Les orteils du mâle ont une palmure bien développée.

Le plus petit des tritons européens est un animal commun mais discret, qui possède une grande capacité d'adaptation à des milieux très divers, terrestres comme aquatiques. On peut par exemple aussi bien l'observer dans les eaux stagnantes que dans les ruisseaux à courant lent, voire dans les eaux légèrement saumâtres.

La période de reproduction s'étend de la fin de l'hiver au milieu du printemps, selon l'altitude. La femelle pond de 200 à 300 œufs dans des eaux peu profondes et riches en végétation. Les petits naissent après un mois d'incubation et se métamorphosent trois mois plus tard. Puis commence la phase de vie terrestre des adultes, jusqu'à l'hivernage en fin d'automne, qui peut ne pas se produire les hivers doux dans le Sud.

SON ACTION AU JARDIN

Surtout terrestre, le triton palmé se cache le jour pour sortir au crépuscule chasser vers et petits insectes, en particulier sous forme de larves. À ce titre, il contribue à contrôler les pullulations d'insectes à problème dans les jardins naturels. Dans sa phase aquatique, au moment de la reproduction, il s'observe souvent de jour. Il consomme alors insectes aquatiques, œufs et petits têtards de grenouille.

Larves de moustique (ci-dessus) et larves de tipule (au centre) font partie du régime alimentaire du triton palmé.

J'EN VEUX CHEZ MOI !

Le triton palmé ne peut jamais s'écarter bien loin de l'eau. Aussi la création d'une mare naturelle au jardin lui est-elle très bénéfique. C'est généralement le premier amphibien à la coloniser spontanément, parfois quelques semaines seulement après son remplissage. Les jeunes peuvent en effet s'éloigner de plus d'un kilomètre de leur lieu de naissance. Cette colonisation spontanée n'est cependant possible que dans les zones où les mares et les points d'eau sont encore suffisamment nombreux, zones rurales relativement préservées ou périphéries des villes connectées avec la campagne environnante.

Pour faciliter la vie du triton palmé durant la phase terrestre, une zone herbeuse à l'abri des passages de la tondeuse, des rondins de bois entassés à l'ombre, de grosses pierres, un vieux mur de pierres aux interstices importants lui permettent de chasser et de s'abriter. Les jeunes trouvent là un endroit pour hiverner. Les adultes, eux, préfèrent se réfugier dans la vase de la mare durant la mauvaise saison.

Quelle que soit sa surface, l'attrait du jardin se trouvera décuplé par la présence d'une mare, source de vie prodigieuse.

Le lézard des murailles (*Podarcis muralis*)

Adepte du bain de soleil

Le reconnaître

De couleur très variable, généralement gris à brun orné de taches de couleurs diverses sur les flancs, le corps de 12 à 20 cm de long est aplati avec une queue aussi longue que le reste du corps.

Amoureux de la chaleur, le lézard des murailles semble passer son temps immobile sur une pierre à prendre des bains de soleil. Cela nous a valu le verbe « lézarder ». Peu craintif, il se laisse relativement bien approcher, mais s'enfuit promptement au moindre geste un peu brusque pour aller se cacher dans la première fissure venue. Puis, poussé par la curiosité, il ressort en général bien vite de sa cachette pour contempler son observateur. Très agile, il grimpe vite et bien aux murs et nage avec aisance. Il hiverne de novembre à mars-avril.

L'accouplement printanier donne lieu à des combats violents entre mâles, chacun tâchant de s'attirer les faveurs de plusieurs femelles, puis de régner sur ce petit harem. La femelle dépose ses œufs, au nombre de 2 à 10, dans un trou qu'elle a préalablement creusé. Les jeunes naissent deux mois plus tard.

SON ACTION AU JARDIN

Ce chasseur à l'affût, d'une patience à toute épreuve, consomme essentiellement de petits invertébrés, mouches, criquets, sauterelles, papillons, coléoptères, araignées… Mais il ne dédaigne pas les chenilles, les cloportes ou les petits escargots qui croisent sa route. Bref, il fait le ménage sur le territoire qu'il arpente.

Lézard ayant attrapé une sauterelle à l'affût.

J'EN VEUX CHEZ MOI !

Des murs biens exposés pour prendre le soleil et chasser, des zones de terre nue pour pondre et un point d'eau pour se désaltérer suffisent à son bonheur. Cet habitant des lieux secs, ensoleillés, pierreux et à végétation rase ou discontinue ne peut en effet se passer de boire. Une simple cuvette enterrée à ras de terre et maintenue remplie lui suffit.

Un muret de pierres sèches pour soutenir un talus, délimiter un parterre ou une terrasse, est facile à construire à son intention. À défaut, un simple tas de grosses pierres convient dans un coin ensoleillé. Les murs jointoyés au ciment, crépis ou en parpaing ne lui offrent pas de refuge, sinon derrière les volets. Vous pouvez fixer sur ces murs quelques ardoises au moyen de deux tasseaux de 1 cm d'épaisseur. Il pourra facilement se réfugier pour échapper au chat, son principal prédateur au jardin, dans cette fente artificielle qui chauffe vite au soleil en début de saison grâce à sa couleur noire.

Un mur suffisamment exposé au soleil est indispensable pour attirer ce lézard dans votre jardin.

L'ORVET *(Anguis fragilis)*

Un lézard sans pattes

Le reconnaître

Le corps sans pattes qui peut atteindre jusqu'à 45 cm de long est de couleur générale brun à grisâtre. Le dos est argenté à doré chez les femelles et les jeunes.

Un point d'eau alimenté en été aidera à le fixer au jardin.

L'orvet est un lézard à allure de serpent, et paie souvent de sa vie cette étrange similitude, bien malheureusement car il est parfaitement inoffensif. Son autre appellation de « serpent de verre » fait référence à son aptitude d'autoamputation de la queue lorsqu'il est saisi. Ce réflexe lui permet souvent d'échapper à ses prédateurs et est sans danger pour lui, car la cicatrisation est rapide. Mauvais grimpeur mais bon nageur, il peut se déplacer très vite.

Crépusculaire, il n'est généralement actif le jour qu'après la pluie. Il recherche des terrains couverts d'une végétation basse entrecoupée de buissons, suffisamment ensoleillés. Des habitats très modifiés par l'homme lui conviennent parfaitement : talus des voies de communication, carrières, friches et terrains vagues, jardins et vergers.

Son action au jardin

Actif du début du printemps au milieu de l'automne, l'orvet chasse au toucher. Il détecte en effet ses proies grâce à sa langue, qu'il agite devant lui. Le plus gros de son alimentation est composé de vers de terre, de limaces et d'escargots. Il complète ce régime par des cloportes, des vers blancs, des vers gris, des coléoptères et des araignées.
Autrefois très commun, il est aujourd'hui en nette régression.
S'il fréquente votre jardin, c'est un signe du bon état général de la nature environnante.

J'en veux chez moi !

Ce drôle de lézard réclame pour se plaire au jardin des endroits où se réfugier dans la journée : tas de bois, grosses pierres plates, tas de compost, etc. Vous pouvez lui aménager un abri personnel en constituant un petit tas de foin bien sec avec l'herbe fauchée en bordure de la haie. Un morceau de bâche plastique posé dessus empêche qu'il ne prenne la pluie, condition indispensable pour attirer l'orvet. Ce plastique peut lui-même disparaître sous une dernière couche de foin pour mieux s'intégrer dans le paysage.

Comme tous les lézards, l'orvet aime boire régulièrement. Un point d'eau alimenté en été aidera à le fixer au jardin, à défaut d'une mare. Par contre, il n'a pas besoin de site de ponte. Les jeunes sortent en effet des œufs presque immédiatement après leur expulsion du ventre de la mère.

Une rocaille permettra à l'orvet de s'abriter dans la journée.

La couleuvre vert et jaune (*Hierophis viridiflavus*)

Quel mauvais caractère !

La reconnaître

Pouvant atteindre 1,50 m de longueur, le corps est plutôt svelte, lisse, à la tête assez petite. La couleur de fond est jaune verdâtre avec des barres transversales foncées, certains individus pouvant être noir uni sur le dessus du corps.

Cette couleuvre apprécie les prairies et les friches bien ensoleillées.

Comme la plupart des couleuvres, cette espèce n'est pas venimeuse. Elle compense cette infériorité par une agressivité destinée à impressionner l'agresseur. Surprise et se croyant attaquée, elle préfère faire face plutôt que fuir. Redressant l'avant de son corps, elle se lance gueule grande ouverte sur son adversaire pour le mordre avec force. Cela lui vaut souvent d'être tuée alors qu'elle rend de précieux services en contrôlant les petits rongeurs du jardin.

C'est une espèce plutôt méridionale, dont l'aire de répartition dépasse la Loire mais n'atteint pas la vallée de la Seine. Un territoire de quelques milliers de mètres carrés pouvant lui suffire, elle peut être abondante par endroits.

ent dans l'entourage de
es dégradés : prairies, friches
aussi terrains vagues ou bords
nen ensoleillés. Il est souvent vic-
pe de l'herbe, tondeuse à gazon ou

ù buissons et zones d'herbe haute
es de chasse, ainsi que les vieux bâti-
ime se réfugier, se réchauffant sous

Les petits rongeurs du jardin comme le campagnol (ci-dessus) font les délices de la couleuvre verte et jaune.

Couleuvre vert et jaune attaquant un lézard vert.

La reconnaître

Le corps qui peut atteindre jusqu'à 1,70 m de long est grisâtre ou brunâtre à noirâtre, avec une tache caractéristique jaune à orangé en forme de collier à la base de la tête.

La langue bifide est un organe tactile très important.

La couleuvre à collier est le plus largement réparti des serpents de nos régions. Si elle vit à proximité des eaux en général, nageant parfaitement pour y chasser grenouilles, tritons, petits poissons et têtards, elle fréquente également des milieux plus secs, coteaux pierreux, friches ou jardins ruraux comme de banlieue, notamment dans le nord de son aire de répartition.

Ne possédant pas de crochets venimeux, la couleuvre à collier ne présente aucun danger, et vous pouvez l'accueillir sans réticence au jardin. Elle est plutôt craintive et fuit à l'approche d'un danger. Si elle est surprise, elle simule la mort en sécrétant une substance très malodorante. Acculée, elle se défend en soufflant violemment et en attaquant bouche fermée.

SON ACTION AU JARDIN

La couleuvre vert et jaune chasse à vue, plus rarement à l'affût, les petits mammifères du jardin : campagnols, mulots, souris et musaraignes. Petit boa miniature, elle s'enroule vivement autour de sa proie pour l'étouffer en l'enserrant avec vigueur. Elle peut parfois avaler un oiseau ou un autre serpent. Les jeunes attaquent des proies à leur taille, gros insectes terrestres et surtout lézards.

Couleuvre avalant un crapaud.

Un moyen de défense fréquemment utilisé : la simulation de la mort, corps flasque et langue pendante.

J'EN VEUX CHEZ MOI !

Ce serpent reste encore relativement fréqu d'une mare naturelle, qui l'homme, car il peut habiter des milieux trè nt elle régulera les populations buissonneuses, bords des haies, mais reproduction sera alors possible au jardin, les jeunes capturant essentiellement des proies aquatiques.

Un coin négligé, aux herbes laissées hautes, avec un tas de bois abandonné à son intention, lui permet de trouver un abri pour l'hiver. Un tas de compost laissé en place toute la mauvaise saison peut être aussi un site d'hivernage intéressant.

Abri à reptiles.

Excellente nageuse, cette couleuvre apprécie la présence d'une mare naturelle.

Oiseaux

L'EFFRAIE DES CLOCHERS (*Tyto alba*)

La dame blanche des nuits noires

La reconnaître

Son envergure atteint de 85 à 95 cm. Son plumage est jaune roussâtre marqué de gris dessus, blanc argenté ou parfois roussâtre dessous.

L'effraie des clochers a des disques faciaux qui concentrent les sons vers le conduit auditif.

Cette chouette doit son nom à son habitude de nicher dans les bâtiments tranquilles. Elle est passée des trous d'arbre et des falaises aux clochers, tours, greniers, granges et autres combles. Elle chasse de nuit, en vol ou à l'affût, dans les terrains dégagés autour de son nid. Si à la campagne elle hante prairies, cultures et friches, en ville elle peut s'observer dans les jardins.

Les produits chimiques tuant les rongeurs sont néfastes pour les chouettes, d'autant que les individus empoisonnés sont plus vulnérables avant de mourir et plus facilement capturés. Ils sont à éviter absolument si des effraies fréquentent votre jardin.

SON ACTION AU JARDIN

Ses yeux perçants, ses oreilles très sensibles, son vol silencieux lui permettent de capturer les petits rongeurs qui tentent de profiter de la nuit noire pour échapper à leurs prédateurs habituels. Campagnols et mulots fournissent la grosse majorité des proies, complétés de souris et de musaraignes. Petits oiseaux, chauves-souris, grenouilles ou gros insectes nocturnes sont consommés à l'occasion.

Les petits rongeurs constituent l'essentiel de son régime alimentaire.

J'EN VEUX CHEZ MOI !

L'effraie ne vient dans un jardin que si elle trouve à proximité un endroit pour nicher. Les accès aux parties hautes des monuments sont souvent condamnés par du grillage pour empêcher l'installation du pigeon des villes. Cela prive indirectement cette chouette de sites de nidification très favorables. Vous pouvez intervenir auprès de la municipalité pour faire poser des nichoirs spéciaux qui permettront à l'effraie de se maintenir sans que les pigeons puissent venir.

Si vous possédez de vastes dépendances ou un grand grenier, vous pouvez installer un ou plusieurs nichoirs chez vous. Les dérangements, bruits ou odeurs, sont limités, le nettoyage facilité, et la cohabitation avec d'autres espèces comme les chauves-souris rendue possible sans risque de prédation importante.

Le nichoir à effraie des clochers doit etre installé dans la partie haute d'une construction, à l'endroit le plus sombre et le plus discret possible. La cloison intérieure permet de conserver une semi-obscurité dans la chambre de ponte.

La chouette hulotte *(Strix aluco)*

La forestière urbanisée

La reconnaître

Son envergure atteint de 55 à 105 cm. Son plumage est gris-brun à brun-roux, tacheté de noir, avec une bande blanche sur l'épaule.

La hulotte se pose souvent à terre, sur un piquet de clôture, une branche basse, où elle s'installe à l'affût.

Oiseau forestier à l'origine, nichant dans les trous d'arbre ou les vieux nids de corvidés et de rapaces, la chouette hulotte s'est bien adaptée à des milieux plus ouverts comme le bocage, et aux parcs et autres zones arborées des villes. Aujourd'hui, c'est le rapace nocturne le plus commun de France, aussi bien par le nombre d'individus que par sa répartition sur presque tout le territoire.

C'est une espèce territoriale, dont le fameux hululement est destiné à signaler sa présence et à éloigner les autres individus de son espèce. Votre jardin ne sera donc pas fréquenté par plus d'un couple.

SON ACTION AU JARDIN

La hulotte chasse de nuit en vol ou à l'affût, à l'oreille. Si elle capture comme l'effraie des rongeurs, principalement des mulots et des campagnols, elle complète son régime par des taupes, des musaraignes, des oiseaux, des grenouilles et des insectes. En ville, la proportion des rongeurs diminue et les oiseaux, étourneaux, merles, mésanges, peuvent devenir majoritaires. Elle peut également capturer des rats noirs comme des rats surmulots. C'est donc une bonne régulatrice des pullulations de certains petits mammifères et oiseaux du jardin.

J'EN VEUX CHEZ MOI !

Le jardinier a peu d'influence sur la présence de la hulotte. Le territoire de chaque couple s'étend en effet sur plusieurs dizaines d'hectares et doit compter de grands arbres pour nicher et se dissimuler le jour. Si votre jardin possède un grand arbre, vous pouvez y fixer un nichoir spécifique à au moins 5 m de hauteur sur une partie dégagée du tronc.

Nichant dans les cavités, la hulotte est victime des poteaux téléphoniques creux, parfois recyclés dans les clôtures et les palissages d'arbres fruitiers, comme des conduits de cheminée. Il suffit de les boucher, avec un grillage à larges mailles pour les cheminées, afin de prévenir les chutes.

Comme tous les rapaces, la chouette hulotte se nourrit de petits mammifères comme la taupe (ci-dessus).

Les nichoirs de la hulotte doivent être fixés à au moins 5 m de hauteur.

LE PIC ÉPEICHE (*Dendrocopos major*)

Tambourineur peu discret

Pic épeiche au bec plein de larves, qu'il va donner à sa nichée.

Le reconnaître

Son envergure atteint de 34 à 39 cm. Son plumage est noir et blanc avec le front jaune et le croupion rouge, le mâle seul ayant la nuque rouge vif.

Oiseau peu méfiant, ce pic s'observe facilement au jardin lorsqu'il explore les écorces à la recherche des insectes qui font son ordinaire. Il tambourine pour extraire les larves du bois en forant de petites cavités ou en faisant sauter l'écorce. Il capture également des insectes sur le feuillage.

Pour se loger, le pic épeiche creuse avec son bec des cavités dans les vieux arbres, qui servent ensuite à de nombreux autres oiseaux comme les mésanges ou les sittelles. Mais ce puissant bec lui permet également d'agrandir le trou d'entrée des nichoirs en bois pour en piller les nichées de mésanges et autres petits passereaux.

SON ACTION AU JARDIN

Les chenilles, les larves et les adultes de coléoptères, notamment longicornes, charançons, chrysomèles, mais aussi les pucerons ou les fourmis constituent le gros de son alimentation en été. Au verger, il capture nombre de carpocapses. L'hiver venu, il complète cette alimentation carnée avec des baies, des noix, des noisettes et des graines de conifère.

Chrysomèle.

Carpocapse.

J'EN VEUX CHEZ MOI !

Acceptant rarement les nichoirs, le pic épeiche ne sera présent au jardin que s'il trouve sur place ou dans les environs immédiats les grands arbres dont il a besoin pour nicher. Dans ce cas, en installant une mangeoire à son intention près des arbres fruitiers, il viendra débusquer dans l'écorce nombre de ravageurs potentiels. Vous pouvez facilement l'attirer avec des boules de graisse, des graines de tournesol ou des noisettes.

S'il attaque les nichoirs destinés aux autres oiseaux cavernicoles du jardin, vous pouvez protéger les trous d'accès en les renforçant par une plaque de métal. Mais le plus simple, si vous ne les fabriquez pas vous-même, est d'acheter des nichoirs en béton de bois : très solides, son bec ne peut pas les entamer.

Le moyen le plus sûr de voir un pic épeiche élire domicile dans votre jardin est de lui installer une mangeoire adaptée.

Le pivert (Picus viridis)

L'éventreur des fourmilières

Le reconnaître

Son envergure atteint de 40 à 42 cm. Son plumage est verdâtre sur le dos, grisâtre sur les joues, la gorge et le ventre, jaune sur le croupion. Les yeux sont entourés de noir et la calotte est rouge.

Habitant des milieux à la fois boisés et ouverts, le pivert est un oiseau typique des lisières et du bocage. Il occupe également les parcs et les zones de jardins où vieux arbres d'alignement, bosquets et haies libres alternent avec des pelouses dont il pourra piller les fourmilières. Il préfère en effet l'herbe rase quand il chasse au sol, car bien qu'armé d'un bec aussi gros que celui du pic épeiche pour forer le bois, le pivert descend le plus souvent au sol pour se nourrir.

Tous les pics sont des solitaires irascibles et le pivert ne déroge pas à la règle. Très attaché à son territoire, il n'y tolère aucun congénère, qu'il écarte au moyen d'une parade gestuelle sans équivoque, pouvant aller jusqu'au combat si l'intrus fait mine de ne pas comprendre.

Son action au jardin

Le pivert est spécialisé dans la consommation des fourmis, qu'il attrape avec sa longue langue gluante. Une nichée de sept jeunes consomme ainsi durant sa croissance au nid un million et demi de larves et de fourmis adultes ! En dehors de la période de reproduction, cet oiseau consomme aussi de nombreuses larves d'insectes débusquées dans le bois vermoulu des arbres dépérissants, ainsi que des coléoptères, des chenilles, des mouches ou des perce-oreilles chassés sur les écorces et dans le feuillage. Certains jardiniers ont remarqué qu'il était capable de débusquer les chenilles de carpocapse des pommes réfugiées sous les bandes de carton posées autour des troncs pour les piéger.

Fourmi.

Hanneton.

Le pivert est certes gourmand en fourmis, mais il ne dédaigne pas les coléoptères comme les hannetons.

J'en veux chez moi !

Si son régime alimentaire en fait un allié du jardinier, sa manie de tambouriner pour marquer son territoire le fait parfois s'attaquer aux volets des maisons de campagne où il n'est pas dérangé. Ce sont en effet des caisses de résonance remarquables ! Des caissons en bois placés sur le mur de la maison résonant encore plus peuvent le détourner des volets.

Il existe dans le commerce des nichoirs spéciaux pour les pics, mais ceux-ci peuvent aussi loger dans ceux prévus pour les sittelles ou pour les chouettes, éventuellement en agrandissant l'ouverture.

Pivert nourrissant un jeune de larves de fourmis.

La grive musicienne (*Turdus philomelos*)

L'enclume et le marteau

La reconnaître

Son envergure atteint de 33 à 36 cm. Son plumage est brun sur le dessus, avec les joues fauves striées de brun et le ventre blanc roussâtre strié de noir.

Cette espèce, plutôt forestière à l'origine, comme le merle, s'est bien adaptée aux parcs et aux jardins, où elle trouve arbres, buissons, zones herbacées rases et sol couvert de feuilles mortes qui lui sont nécessaires pour nicher et rechercher sa nourriture. Active le jour, elle est plutôt solitaire et se nourrit surtout au sol, explorant en particulier le dessous des buissons.

Son nid est très semblable à celui du merle et se trouve dans les mêmes endroits dans la végétation basse. Mais il s'en distingue immédiatement par son intérieur tapissé d'argile fine alors que le merle le capitonne d'herbes sèches. En période de nidification, la grive musicienne se fait entendre, bien campée au faîte d'un arbre ou d'un toit. Son chant sonore et clair fuse tôt le matin et tard le soir. Comme chez tous les virtuoses, le chant sert à éloigner les congénères : elle ne supporte pas ses semblables !

SON ACTION AU JARDIN

La grive musicienne consomme essentiellement des invertébrés, vers, araignées, mollusques et insectes divers. Le jardinier apprécie son appétit pour les chenilles, les larves de tipule, les courtilières, les coléoptères qu'elle attrape au sol et même dans la végétation en été. Elle chasse aussi activement les limaces
et les escargots, dont elle brise la coquille contre une pierre ou une souche servant d'enclume, avec son bec comme marteau. En hiver, son régime devient partiellement végétarien et elle absorbe baies et fruits en quantité.

Courtillière.

J'EN VEUX CHEZ MOI !

Des buissons épais d'arbustes épineux facilitent sa nidification. Les nids étant construits à la fin de l'hiver, la taille d'entretien de ces buissons doit intervenir en automne. L'introduction d'arbustes à baies dans la haie lui fournira des ressources appréciables à la mauvaise saison.

Si vous avez un vieux lierre qui fleurit abondamment, gardez-le précieusement. Ses baies mûrissant à la fin de l'hiver sont une ressource indispensable aux merles et aux grives pour faire la soudure avec les nourritures du printemps. Vous pouvez également laisser au sol à son intention des pommes coupées en deux ou des raisins secs.

Les baies de sureau (à gauche) et de lierre (à droite) sont indispensables à la grive musicienne.

L'ÉTOURNEAU SANSONNET *(Sturnus vulgaris)*

Imitateur doué

Le reconnaître

Son envergure est de 37 cm en moyenne. Son plumage est noir avec des reflets métalliques et des taches roussâtres sur le dos en été. Il est moucheté de blanc en hiver.

Étourneau en plumage d'été.

L'étourneau est un oiseau à deux visages. Lorsqu'il se regroupe en grandes bandes à la mauvaise saison, il pose des problèmes par le bruit et les salissures des dortoirs. Oiseau des lisières à l'origine, il s'est parfaitement adapté aux jardins et aux zones urbaines. Il imite les bruits de son entourage, chants d'autres oiseaux et même sonneries de téléphones portables !

Lorsqu'il niche, c'est un insectivore très efficace pour faire le ménage dans les plates-bandes. Ensuite, malheureusement, son régime alimentaire se tourne plus vers les fruits… La saison commence par la mise en coupe réglée, essentiellement par les jeunes, des cerisiers puis des pruniers, pommiers, vignes, nécessitant parfois la pose de filets pour sauver la récolte. Baies de sureau, mûres et bien d'autres fruits sauvages sont aussi consommés.

SON ACTION AU JARDIN

Son régime varie selon les saisons. Lors de l'élevage des jeunes, vers de terre, araignées, limaces, chenilles, larves de tipule et de taupin sont recherchés dans la végétation rase. C'est principalement à ce moment qu'il mérite l'estime du jardinier. Ensuite, si les insectes continuent à fournir le fond de son alimentation, notamment les tipules et les fourmis ailées capturées en vol en été et à l'automne, il devient frugivore.

L'étourneau fait une grande consommation de larves de taupin (à gauche) et de chenilles (à droite), empêchant qu'elles pullulent dans les potagers.

J'EN VEUX CHEZ MOI !

L'étourneau accepte facilement des cavités dans les bâtiments comme solution alternative aux trous d'arbres de ses milieux d'origine, et niche souvent sous les tuiles du toit. Des nichoirs type mésange ou moineau, avec un trou d'ouverture de 4 cm de diamètre, sont facilement occupés. En hiver, cet oiseau principalement sédentaire dans notre pays vient aux mangeoires, où il apprécie miettes de pain, pommes de terre ou riz cuits et pains de graisse.

La présence d'un dortoir d'étourneaux ne relève pas de la solution individuelle, mais collective. Seule la mairie est habilitée à mettre en œuvre les moyens nécessaires pour résoudre ce type de problème.

L'étourneau peut être considéré comme nuisible lorsqu'il se regroupe en bandes à la mauvaise saison.

La mésange charbonnière (Parus major)

Porteuse de cravate

La reconnaître

Son envergure ne dépasse pas 21 à 23 cm. La tête et la gorge sont noires, les joues blanches, le dos vert, les ailes gris-bleu. Le ventre jaune est barré d'une bande noire verticale

La femelle a une bande noire ventrale plus fine que celle du mâle.

La mésange charbonnière est un oiseau forestier à l'origine, très lié aux vieux arbres, où elle trouve nourriture et abri. Elle s'est bien adaptée aux milieux créés par l'homme, bocages, vergers, parcs et jardins, à condition qu'elle dispose de cavités, dans les arbres ou les bâtiments, pour passer la nuit et nicher.

Sociable en dehors de la nidification, la mésange charbonnière est très arboricole, et donc un acrobate aguerri. Bavarde et assez bruyante, elle se manifeste souvent. Près des maisons, elle profite de tout ce qui peut se consommer, et sa familiarité est telle qu'elle n'hésite pas à pénétrer à l'intérieur pour satisfaire son appétit.

SON ACTION AU JARDIN

Son régime alimentaire en fait un précieux auxiliaire du jardinier : araignées et surtout chenilles diverses et variées. Dans les vergers, elle sait dénicher les chenilles en diapause du carpocapse. Les spécialistes ont calculé qu'un seul couple de mésanges charbonnières capture de 6 000 à 9 000 chenilles pour élever sa nichée et autant pour ses propres besoins.
Mais bien sûr, quantité d'autres invertébrés peuvent être capturés selon les opportunités. À l'automne et en hiver, elle se rabat sur les baies, les fruits et les graines, plus abondants que les insectes qu'elle continue à débusquer dans les fentes des écorces.

La mésange charbonnière est très utile au verger, car elle n'a pas son pareil pour attraper les chenilles du carpocapse, véritable fléau.

J'EN VEUX CHEZ MOI !

La mésange charbonnière a un terrible problème de logement. Elle trouve toujours des ressources alimentaires abondantes dans les jardins, mais peut manquer d'abri pour dormir et nicher. C'est pourquoi, faute de mieux, elle se rabat parfois sur un habitat aussi inconfortable qu'une boîte aux lettres. Elle est aussi victime des poteaux en aluminium creux qu'elle explore et dont elle ne peut plus sortir. La pose de nichoir à son intention, dès l'automne, avec un trou d'accès de 32 mm de diamètre, est le plus souvent suivie d'une occupation au printemps suivant.

Sédentaire, la mésange charbonnière vient facilement aux mangeoires, où elle apprécie graines de tournesol, cacahuètes non salées et pains de graisse. En plaçant la mangeoire près des arbres fruitiers, ceux-ci servent de perchoir et leur écorce est inspectée avec attention.

Il suffit d'installer un nichoir de type boîte aux lettres pour que la mésange charbonnière trouve un abri adéquat.

La mésange bleue (*Parus caeruleus*)

L'acrobate des mangeoires

Elle se distingue aisément de la mésange charbonnière par le bleu vif de ses ailes et de sa calotte.

La reconnaître

Son envergure ne dépasse pas 19 à 21 cm. La tête et les ailes sont bleues, la nuque et le menton noirs, les joues blanches et le dos vert. La gorge et le ventre sont jaunes avec une tache noire au milieu du ventre.

Son habitat d'origine est la forêt de chênes en plaine, mais elle a su s'adapter à des milieux plus artificiels comme le bocage ou les parcs et les jardins en ville, à condition qu'elle y trouve de grands arbres assez âgés. En effet, elle ne cherche quasi pas sa nourriture au sol, mais explore sans cesse tronc, branches et feuillage des grands arbres. Acrobate douée, elle déloge ses proies dans les positions les plus invraisemblables, souvent tête en bas.

Oiseau sociable, excepté pendant la période de reproduction, elle s'associe souvent aux autres mésanges par petits groupes plurifamiliaux, ce qui ne l'empêche pas de passer son temps à se chamailler avec ses semblables. Ne tenant jamais en place, d'une extrême vivacité, c'est la terreur des insectes, de leurs larves et de leurs œufs.

SON ACTION AU JARDIN

Chenilles et araignées constituent la base de son alimentation au moment de l'élevage des jeunes. Elle en fait une consommation très importante, complétée par des sauterelles, des pucerons, des mouches et bien d'autres insectes. Selon les opportunités, les proportions de ces différentes proies peuvent varier. C'est l'un des rares oiseaux de nos régions à venir parfois boire le nectar des grosses fleurs au moyen de son bec fin. À la mauvaise saison, elle mange aussi des graines, des baies, des fruits et des bourgeons. Les dégâts qu'elle peut causer dans les vergers sont minimes comparé à l'efficace nettoyage de l'écorce des arbres qu'elle effectue. Ses proies sont plus petites que celles de la mésange charbonnière.

J'EN VEUX CHEZ MOI !

La mésange bleue a des exigences plus strictes que la charbonnière, et elle n'occupe pas nécessairement les nichoirs mis à sa disposition au jardin. Ceux-ci doivent avoir un petit trou d'entrée, 26 mm de diamètre, sinon elle peut être expulsée par les moineaux ou d'autres oiseaux plus gros. Ces nichoirs doivent se placer assez haut, à au moins 5 m du sol quand c'est possible.

Sédentaire, elle vient facilement aux mangeoires l'hiver pour y consommer graines de tournesol, cacahuètes non salées, graisse et fruits secs.

La mésange bleue a besoin d'un nichoir plus spécifique que sa cousine charbonnière, avec un trou d'entrée qui ne doit pas dépasser 26 mm de diamètre.

Le rougegorge (*Erithacus rubecula*)

Il attaque son reflet

Le reconnaître

Son envergure ne dépasse pas 20 à 22 cm. Son plumage est brun olive sur le dos, avec la face et la gorge rouge-orangé, une bande gris-bleu sur les côtés et le ventre blanc.

Rougegorge gonflant ses plumes pour se réchauffer en hiver.

Espèce forestière à l'origine, comme tant d'autres oiseaux des jardins, le rougegorge habite les buissons et se nourrit au sol et dans la végétation basse. Ainsi le nid est souvent dissimulé sur le sol ou très bas dans la végétation, parfois dans un trou de vieux mur.

Doté d'une excellente vue, même en conditions de lumière difficiles, il chasse dans les fourrés les plus fermés et les plus sombres, et dès l'aube et tard le soir dans les endroits plus ouverts. Territorial, le mâle attaque ses congénères au printemps pour les chasser, allant jusqu'à agresser son reflet dans une vitre.

SON ACTION AU JARDIN

Lors de l'élevage des jeunes, son régime est quasi exclusivement carnivore, les petites proies étant capturées surtout dans la litière. La catégorie la plus importante, pouvant atteindre 50 % du volume total, est représentée par les coléoptères, surtout sous forme de larves. Bien d'autres insectes sont consommés : perce-oreilles, punaises, chenilles, papillons, mouches, fourmis, ainsi que des vers, des limaces, etc.
À la mauvaise saison, l'oiseau devient erratique et coexiste pacifiquement avec ses congénères. Il mange alors surtout des baies et des fruits, ronce, chèvrefeuille, morelle, genévrier par exemple.

Doryphore.

Punaise.

J'EN VEUX CHEZ MOI !

Il existe des nichoirs à rougegorge, mais celui-ci se débrouille très bien tout seul pour installer son nid dans un endroit convenable. Pour qu'il niche au jardin, le plus simple est de lui aménager un coin de buissons denses sous des arbres ombrageant le sol. Cette copie d'un sous-bois frais lui convient parfaitement.

En hiver, il fréquente les mangeoires pour y consommer de la graisse, mais il apprécie aussi les débris de croquettes pour chien ou chat, et plus classiquement les miettes de pain et les petites graines.

Le rougegorge investit des nichoirs ouverts ou semi-ouverts.

Le grand œil noir trahit des mœurs plutôt crépusculaires, ainsi qu'une adaptation à l'ombre des taillis.

Le troglodyte mignon (*Troglodytes troglodytes*)

Le polygame de la famille

Le reconnaître

Son envergure ne dépasse pas 13 à 17 cm. Son corps est petit, arrondi, avec la queue dressée. Le plumage est brun-roux sur le dessus avec le ventre blanc brunâtre et les flancs barrés de brun.

Troglodyte à l'entrée de son nid.

Malgré sa petite taille, le troglodyte mignon ne passe jamais inaperçu au jardin, avec sa courte queue très relevée et son activité infatigable toujours près du sol. C'est en effet un oiseau des broussailles, à l'abri desquelles il niche.

Le mâle défend son territoire, chantant à tue-tête pour en éloigner les concurrents. Il peut s'accoupler avec deux ou trois femelles, construisant plusieurs nids volumineux pour les séduire. Au jardin, ces nids de mousse se trouvent le plus souvent dans un buisson, mais peuvent être construits assez haut dans un lierre touffu, un rosier grimpant, voire sous l'avant-toit d'une cabane.

SON ACTION AU JARDIN

Insectivore, le troglodyte fait le ménage autour de lui, pour le plus grand profit du jardinier. Il attrape moustiques, tipules, mouches et leurs larves, papillons et chenilles, larves de chrysomèles, de charançons, de taupins, de punaises et de nombreux autres insectes. Araignées et faucheux lui payent également un lourd tribut.
Il consomme accessoirement escargots, limaces et graines. Lorsqu'il est en chasse, cet oiseau très remuant sautille à terre sans jamais rester en place et se faufile avec agilité dans les buissons, explorant sans relâche la litière, la végétation, les tas de bois mort, etc.

Tipule.

Faucheux.

J'EN VEUX CHEZ MOI !

Le troglodyte accepte parfois les nichoirs semi-ouverts du type de ceux conçus pour les rougegorges. Mais il est préférable de mettre à sa disposition un vieux mur aux cavités nombreuses, un lierre touffu, l'idéal étant un buisson épineux épais.

En hiver, il reste plutôt sédentaire, bien que certains individus deviennent erratiques et se déplacent sur de longues distances. Il vient rarement visiter les mangeoires, où il glane miettes de pain et croûtes de fromage.

Un vieux lierre très touffu est un bon site de nidification pour le troglodyte.

Le rossignol philomèle (*Luscinia megarhyncos*)

Le concertiste solo

Le rossignol est un oiseau aux mœurs crépusculaires.

Le reconnaître

Son envergure ne dépasse pas 23 à 26 cm. Son plumage est brun roussâtre sur le dos et les ailes, plus roux sur la queue, avec le ventre blanc crème.

Discret et craintif, le rossignol est plus un oiseau de la campagne que de la ville. Peu visible dans la journée, il signale son retour d'Afrique au printemps par le chant mélodieux du mâle, qui peut durer une partie de la nuit. Ces concerts très agréables lui ont valu sa réputation. Mais il ne chante pas pour notre plaisir, il affirme ainsi sa présence face aux autres mâles et marque son territoire.

Habitant les zones broussailleuses denses, pas forcément boisées, où il peut facilement se dissimuler, il aime les lieux chauds et bien exposés. Il ne fréquente que les milieux couverts au sol garni d'une litière pouvant lui fournir de nombreuses proies.

SON ACTION AU JARDIN

Pour se nourrir et élever ses jeunes, il chasse au sol et plus rarement dans la végétation. Vers, araignées, pucerons, mouches, coléoptères, fourmis et autres hyménoptères et bien d'autres insectes composent son menu. À la fin de l'été, il consomme également des baies, notamment de sureau, pour accumuler les réserves nécessaires à sa migration vers l'Afrique. Il ne reste même pas 6 mois chez nous.

Les hyménoptères et les larves font parties de son régime alimentaire à la belle saison.

J'EN VEUX CHEZ MOI !

Ce qui importe au rossignol, c'est de trouver une zone arbustive touffue où il puisse s'abriter et construire son nid, dans une ambiance suffisamment chaude, donc bien exposée au soleil dans les régions septentrionales. Cette zone doit être aménagée dans un coin tranquille du jardin, l'oiseau étant farouche, et comprendre de hautes herbes sur lesquelles le nid pourra éventuellement être fixé.

L'appoint alimentaire des baies sauvages étant indispensable avant le départ en migration, il apprécie de trouver au jardin des espèces fructifiant relativement tôt comme le sureau ou le troène. Il peut ainsi accumuler les réserves de graisses indispensables pour affronter le long voyage qui l'amène au-delà du Sahara.

Une haie dense où il peut trouver des baies de sureau (ci-dessous) ou de viorne (en bas) est indispensable.

Le moineau domestique (*Passer domesticus*)

Le piaf de Paris

Le reconnaître

Son envergure tourne autour de 22 cm. La calotte et les joues sont grises, la nuque marron et la gorge noire chez le mâle. La femelle est plus terne, brun-gris rayé de brun-noir.

Le moineau vit près de l'homme, profitant de ses déchets pour se nourrir.

Le moineau s'est si bien adapté à l'homme qu'il est présent partout dans nos régions et qu'il l'a suivi sur tous les continents. Il est bien difficile de dire quel est son milieu d'origine, puisqu'il s'observe aussi bien sur les côtes qu'en montagne, à la campagne qu'en centre-ville.

Effronté et bruyant, il fait partie de l'environnement quotidien des habitants des plus grandes villes, bien que ses populations urbaines tendent à régresser. C'est le type même du granivore, avec son bec court et épais, et pourtant c'est un auxiliaire redoutablement efficace du jardinier dans le contrôle des insectes.

Son action au jardin

Au printemps, les insectes constituent 80 % de la nourriture des oisillons, et de 15 à 30 % de celle des adultes. Chenilles, mouches, coléoptères, araignées, mille-pattes, cloportes, escargots, peu d'invertébrés échappent à son attention. Malheureusement, lors de sa phase granivore, il peut commettre quelques dégâts sur les semis, les fleurs et les fruits. Mais c'est surtout un opportuniste, profitant de tous les déchets humains.
En ville, il est la proie de l'effraie des clochers et de la chouette hulotte.

Mouche.

Mille-pattes.

J'en veux chez moi !

Le moineau nichant en colonies, la pose de plusieurs nichoirs, sur les murs de la maison par exemple, permet de l'attirer facilement au jardin. Mais il faut supporter son caractère parfois sans gêne et ses rixes bruyantes. Souvent, il ne demande aucune autorisation et s'établit sous l'avant-toit des bâtiments. En hiver, il vient facilement aux mangeoires et mange de tout ou presque.

Les dégâts éventuels au jardin peuvent être évités, s'ils prennent des proportions trop importantes, par l'utilisation de voiles ou de filets de protection. L'utilisation de mangeoires suspendues sans perchoir limite l'accès des moineaux à la nourriture et laisse une plus grosse part aux mésanges, plus timides.

Le nichoir vertical est parfait pour le moineau, qui vit en colonies, car il peut accueillir plusieurs couples.

Mammifères

LA MUSARAIGNE MUSETTE (*Crocidura russula*)

Une petite bête hyperactive

Le long nez pointu de la musaraigne est pourvu de poils tactiles.

La reconnaître

Son corps mesure de 9 à 14 cm de longueur totale. Le museau est pointu, les oreilles sont peu visibles. Le pelage est brun-gris sur le dos et blanc sale sur le ventre.

Les musaraignes, dont la musaraigne musette est la représentante la plus fréquente au jardin, sont des prédateurs spécialisés des invertébrés du sol et de la litière. Surtout actives en début de nuit et à l'aube, car leurs deux sens principaux sont l'odorat et l'ouïe, elles peuvent se rencontrer à n'importe quel moment de la journée. Leur métabolisme imparfait les oblige en effet à manger très régulièrement pour maintenir leur température. Quelques heures de jeûne, surtout à la mauvaise saison, peuvent les tuer.

Fréquentant les milieux plutôt chauds et secs, la musaraigne musette pénètre parfois dans les bâtiments, surtout en hiver. Elle peut aménager son nid dans le trou d'un vieux mur de pierres non jointoyées ou autre cachette du même genre.

SON ACTION AU JARDIN

L'appétit vorace de la musaraigne musette lui fait avaler presque toutes les proies qu'elle croise lors de ses pérégrinations. Vers de terre, escargots, limaces, araignées et insectes du sol et de la litière fournissent la plus grosse part. Occasionnellement, souriceaux ou même jeunes musaraignes peuvent être croqués, ainsi que des baies et des fruits à l'automne. Les musaraignes s'avèrent donc d'efficaces nettoyeuses des plates-bandes du potager.

J'EN VEUX CHEZ MOI !

Les musaraignes sont la proie des rapaces nocturnes, des petits carnivores sauvages et des chats au jardin. Pour faciliter leurs déplacements au sol en relative sécurité, laissez des zones d'herbe haute, en particulier au pied de la haie, ainsi que la litière de feuilles mortes.

Elles se réfugient souvent, pour se reposer ou pour nicher, dans un tas de pierres ou de branchages. Vous pouvez en placer un ou plusieurs à proximité immédiate du potager pour les fixer préférentiellement à cet endroit du jardin.

Un tas de pierres ou de branchages installé sous la haie peut vite devenir le refuge des musaraignes.

LE HÉRISSON (*Erinaceus europaeus*)

Il se met vite en boule

Le reconnaître

Son corps de 24 à 31 cm de longueur a le dos couvert de nombreux piquants brunâtres, alors que le ventre est couvert d'une fourrure grisâtre grossière.

Grand ami du jardinier, le hérisson adapte son régime alimentaire en fonction des ressources du milieu.

Le hérisson craint peu les prédateurs grâce à ses piquants protecteurs. En effet, lorsqu'il est inquiété, il se met en boule. Ses piquants le protègent alors efficacement des agressions extérieures. Mais privé de fourrure, il doit hiverner et construire des nids bien isolés pour se protéger du froid. C'est pourquoi il ne vit que dans les endroits où abondent les feuilles mortes de chêne, les meilleures pour cet usage.

Nocturne ou crépusculaire, le hérisson est un trotteur infatigable qui peut courir sur de longues distances pour rechercher sa nourriture. Il adapte d'ailleurs son régime alimentaire en fonction des ressources offertes par le milieu.

SON ACTION AU JARDIN

Si vers de terre, limaces, escargots, insectes et autres arthropodes sont à son menu, il le complète par des œufs et des oisillons nichant au sol, des grenouilles, des petits rongeurs, des reptiles. À l'automne, boulimique pour accumuler des réserves de graisse, il dévore aussi fruits, champignons et autres aliments végétaux et peut se contenter d'un cadavre. Certains viennent même piller la gamelle du chat ou du chien.
Prédateur opportuniste, rôdant chaque nuit sur son domaine, le hérisson est un efficace régulateur des espèces commençant à pulluler. Grâce à lui, escargots, limaces, vers blancs, chenilles de noctuelles et charançons peuvent être maintenus à des seuils très supportables.

Chenille de noctuelle.

Charançon.

J'EN VEUX CHEZ MOI !

Le domaine vital d'un hérisson excédant largement la surface d'un jardin moyen, il ne faut pas chercher à l'enfermer chez soi. Au contraire, prévoyez des passages vers les autres jardins, avec par contre une clôture étanche du côté de la route pour éviter qu'il ne finisse écrasé.

Le hérisson a besoin de feuilles mortes pour ses nids. Ne ramassez pas celles qui tombent au pied de la haie, et prévoyez des buissons touffus, notamment de ronces, souvent choisis pour y bâtir le nid. Augmentez les refuges possibles en aménageant tas de grosses pierres ou de branchages dans les endroits les plus tranquilles.

Le nourrissage artificiel, surtout pas de lait, mais des pâtées pour chien, ne se justifie que pour aider à l'automne les jeunes de l'année trop maigres (ne dépassant pas 450 g) pour avoir une chance de survivre à l'hiver.

La pipistrelle commune (*Pipistrellus pipistrellus*)

La terreur des insectes

La reconnaître

Son envergure est comprise entre 18 et 23 cm. Les oreilles sont courtes et larges, le museau est large. Le pelage est brun-noir à brun-roux sur le dos, gris brunâtre sur le ventre.

Les insectes ont inventé l'aile il y a plusieurs centaines de millions d'années pour échapper à leurs prédateurs terrestres. Les oiseaux sont apparus pour exploiter cette riche ressource aérienne, mais la plupart chassent de jour. Les papillons et autres insectes nocturnes ont exploité cette faille pour prospérer, avant que n'apparaissent les chauves-souris. Ces mammifères volants sont en effet équipés d'un système de sonar leur permettant de chasser dans le noir total. Elle peut ainsi évoluer dès la tombée de la nuit, même par temps froid et humide. Son vol est rapide, en zigzag.

La pipistrelle aime se dissimuler dans les fentes étroites des charpentes. La plus commune des chauves-souris se rencontre ainsi souvent dans les villes et les villages, dans les parcs et les jardins, les terres cultivées et les prairies avec bosquets.

Son action au jardin

Plusieurs chauves-souris peuvent fréquenter le ciel du jardin. La pipistrelle est la plus fréquente et la plus petite. Aussi n'attrape-t-elle que des insectes de taille relativement modeste, moustiques, pucerons, mouches et papillons de nuit. D'autres espèces plus grosses, comme la sérotine, capturent des insectes volants de grande taille comme les hannetons.

Papillon nocturne.

J'en veux chez moi !

La pipistrelle est relativement sédentaire et hiverne souvent près des sites de chasse. Elle se réfugie alors dans les grottes, les caves, les bâtiments, dans une fissure d'un mur et accepte bien les gîtes artificiels. En été, elle loge surtout dans les bâtiments, où elle trouve toujours une fissure où se glisser, voire derrière un volet. Les gîtes artificiels sont bien acceptés, mais seulement là où les refuges habituels sont rares. Une mare est un plus dans le jardin, les chauves-souris ayant besoin de boire là où elles chassent.

Si une colonie s'établit dans un endroit gênant (coffre de volet roulant, faux plafond), il faut condamner les accès durant la nuit quand les individus sont sortis, en veillant à ce que des jeunes non volants ne soient pas prisonniers. Pour condamner l'accès à l'intérieur d'un volet roulant, il suffit de fixer une brosse, comme celle pour bas de porte, au niveau de la fente du coffre.

Des briques creuses insérées dans un mur font un très bon nichoir à pipistrelle.

Le sonar des chauves-souris leur permet de chasser les insectes dans le noir total.

Le lérot *(Eliomys quercinus)*

Bandit masqué

Le reconnaître

Son corps mesure de 20 à 30 cm de longueur totale. Son pelage est brun-gris sur le dessus, blanchâtre en dessous, avec une bande noire sur les yeux. La longue queue est terminée par un pinceau de poils.

Le rôle du lérot est plutôt positif au jardin, mais il peut se payer par quelques désagréments. Au grenier, il peut faire des trous dans les revêtements isolants par exemple. Nocturne, il est très bruyant et peut gâcher certaines nuits. Fort heureusement, il s'endort l'hiver pour plusieurs mois. Il peut également piller les fruitiers ou les réserves de la cuisine : chocolat et saucisson lui plaisent autant que pommes ou poires. Mais il sert lui-même de proie à la chouette hulotte ou à la fouine.

Dans la nature, il est lié aux milieux boisés où se trouvent des rochers ou des falaises. Les grands jardins et les maisons constituent des habitats de substitution parfaits. Quand il s'installe dans un grenier, le lérot déniche les oiseaux installés sous les tuiles ou l'avant-toit, comme les moineaux ou les étourneaux.

SON ACTION AU JARDIN

Bien qu'il appartienne à l'ordre des rongeurs, le lérot est en fait un carnivore qui complète son régime par des fruits, des baies, des graines et parfois l'écorce des arbres. Sa dentition est celle d'un végétarien, et pourtant il mange essentiellement des vers de terre, des escargots, des araignées, des insectes, des petits amphibiens, des jeunes reptiles, des œufs et des oisillons pris au nid, ainsi que des petits rongeurs.

Escargots et araignées sont régulièrement chassés par le lérot.

J'EN VEUX CHEZ MOI !

Le lérot apprécie des biotopes boisés : vergers, bosquets, haies, arbustes et arbres sont donc parfaits pour l'accueillir. Il construit en effet généralement son nid de reproduction dans l'enfourchure d'un arbre, ou emménage dans un nid d'écureuil abandonné, qu'il réaménage à l'aide de feuilles, d'herbes sèches et de mousse. En hiver, le lérot installe son nid dans une anfractuosité de roche ou sous une souche d'arbre, mais il aime également se réfugier dans les maisons...

Si vous trouvez un lérot endormi pour l'hiver dans un nichoir, un grenier ou une pièce non chauffée de la maison, ne le dérangez pas et laissez-lui un moyen de sortir au printemps. Sa présence est en général tolérable, à condition de bloquer ses incursions vers le garde-manger ! Bouchez fentes et trous qu'il emprunte pour descendre du grenier, afin de l'y cantonner.

S'il fait trop de bruit en été au grenier, essayez de le piéger avec une nasse appâtée au pain d'épice et relâchez-le dans une haie loin de la maison.

Une souche d'arbre permet au lérot d'installer son nid pour l'hiver.

La fouine (*Martes foina*)

Voisine parfois bruyante

La reconnaître

Son corps mesure de 65 à 75 cm de longueur totale. Les petites oreilles sont arrondies et le museau est pointu. Son pelage est gris-brun, avec la gorge et la poitrine blanches et une longue queue touffue.

Bébés fouines.

Prédateur forestier à l'origine, la fouine est le seul carnivore sauvage que l'on peut trouver régulièrement dans les jardins et dans les maisons, puisqu'elle peut loger dans les combles ou les dépendances. Il existe des populations urbaines bien implantées dans les banlieues pavillonnaires, pouvant pénétrer jusqu'au cœur des plus grandes villes.

Ce comportement n'est pas étonnant quand on sait que les milieux originels de la fouine sont les massifs rocheux, les terrains rocailleux, les pierriers, dans les fentes desquels elle niche. Pour elle, un bâtiment n'est finalement qu'un merveilleux rocher artificiel.

Solitaire, la fouine a une activité essentiellement crépusculaire ou nocturne. Bonne grimpeuse, elle n'hésite cependant pas à nager.

SON ACTION AU JARDIN

La base de son alimentation est composée de petits mammifères : rats, souris, campagnols, mulots, lérots, écureuils, musaraignes, taupes. Comme c'est un chasseur opportuniste, ce sont les espèces les plus nombreuses qui font les frais de ses prélèvements. Son rôle de régulateur est donc important, notamment envers les rats, dont elle est l'un des rares prédateurs efficaces en ville. Elle complète ce régime avec des oiseaux, moineaux et étourneaux notamment, des insectes, des baies et des fruits.
Le rôle positif de la fouine est parfois occulté par certains désagréments : bruits nocturnes, crottes malodorantes au grenier, attaque d'oiseaux domestiques, pillage de poubelle, etc.

La fouine est une grande prédatrice des rats, dont elle permet de réguler les populations.

COMMENT LA RÉGULER ?

Quand elle s'installe dans un grenier ou une dépendance, la cohabitation est possible, même en présence d'un poulailler si les poules sont enfermées chaque soir dans un local bien clos.

Si l'endroit où elle gîte est mal placé, repérez les endroits de passage réguliers et obturez-les avec du grillage ou tout autre système, en sachant qu'une fouine passe par un trou de 5 cm de haut et de 7 cm de large seulement. Effectuez cette opération une nuit d'automne, pour être sûr que l'animal comme ses jeunes ne se retrouvent pas enfermés.

La fouine niche généralement dans les pierriers et les terrains rocailleux.

Pour aller plus loin

>> *Les insectes, amis de nos jardins*
Vincent Albouy, Edisud, 2007
Une introduction au monde des insectes dans le cadre du jardin, expliquant à la fois leur rôle dans le fonctionnement de l'écosystème du jardin, les bonnes pratiques pour ne pas les détruire et tous les aménagements pour les attirer et les loger.

>> *Oiseaux et mammifères auxiliaires des cultures*
Michel Jay coord., CTIFL, 2000
Après une introduction générale sur les relations prédateur-proie, des fiches synthétiques présentent 50 espèces d'oiseaux et de mammifères auxiliaires potentiels des cultures. Des conseils sont donnés pour encourager leur présence, par la préservation de leur habitat ou par la pose de nichoirs ou d'abris.

>> *Un jardin pour les petits animaux*
Maurice Dupérat, Artémis, 2009
Du simple balcon au grand jardin, un guide plein de trucs et astuces pour aménager chez soi un coin de nature et attirer ainsi insectes, oiseaux, amphibiens, petits mammifères, etc. Un complément indispensable aux fiches présentées dans l'ouvrage que vous avez entre les mains !

>> *Le jardin naturel*
Vincent Albouy, Delachaux et Niestlé, 2005
Des informations techniques pour recréer chez soi un bout de nature sauvage sur le modèle de six milieux naturels, avec 9 pas à pas et 148 fiches de fleurs sauvages ou anciennement cultivées donnant tous les conseils pour les introduire au jardin, comment les semer, les bouturer, les cultiver et leur intérêt pour la faune.

>> *Nichoirs et Cie*
Bernard Bertrand et Thierry Laversin, éditions de Terran 2006
Plus de 100 modèles de nichoirs, abris et mangeoires présentés dans cette seconde édition augmentée. Des centaines de dessins, photos et conseils aident le lecteur à accueillir la faune sauvage chez lui. Oiseaux, mammifères, reptiles, batraciens, insectes, personne n'est oublié.

>> *Nourrir les oiseaux*
J. A. Burton et S. Young, Delachaux et Niestlé, 2007
Quels aliments acheter ou cultiver, comment fabriquer une mangeoire, ce livre fait un point complet sur la meilleure façon de nourrir les oiseaux.

Quelques adresses utiles

Ligue de protection des oiseaux (LPO)
La LPO publie une revue, L'oiseau magazine, pour découvrir le monde fascinant des oiseaux, apprendre à mieux les connaître et à les protéger. Elle anime un réseau de jardins-refuges pour les oiseaux et la nature en général. Que vous ayez une propriété, un simple jardin ou même un modeste balcon, vous pouvez intégrer ce réseau et bénéficier de nombreux conseils pour protéger la biodiversité.
Un catalogue de vente par correspondance propose, entre autres choses, de nombreux livres sur les oiseaux et la nature, ainsi que des nichoirs, des mangeoires et des abris pour accueillir et nourrir la faune sauvage du jardin.
LPO, BP 90263, 17305 Rochefort Cedex. Tél. 05 46 82 12 34. monespace.lpo.fr pour contacter la LPO ou www.lpo-boutique.com pour accéder au catalogue en ligne.

Association pour la protection des animaux sauvages (ASPAS)
Cette association a pour objectif la protection de la faune, de la flore et du patrimoine naturel, ainsi que la défense des droits des non-chasseurs. L'ASPAS publie de nombreuses brochures pratiques, notamment pour protéger la biodiversité, et édite un catalogue de vente par correspondance réservé aux adhérents et donateurs proposant nichoirs et mangeoires.
ASPAS, BP 505, 26401 Crest Cedex. Tél. 04 75 25 10 00. www.aspas.org

Fédération Rhône-Alpes de protection de la nature (FRAPNA)
La FRAPNA édite un catalogue de vente par correspondance intitulé Rue de la Nature. Vous y trouverez livres sur la nature et sa protection, nichoirs, abris et mangeoires.
FRAPNA, 17, rue Jean Bourgey, 69625 Villeurbanne Cedex. Tél. 04 78 85 98 98. www.frapna.org pour contacter la FRAPNA ou www.ruedelanature.fr pour accéder au catalogue en ligne.

Office pour les insectes et leur environnement (OPIE)
L'OPIE est une association qui se veut le carrefour des entomologistes amateurs et professionnels pour la protection des insectes et de leurs milieux de vie. Elle sensibilise le public à la connaissance du monde des insectes. Elle publie également la revue trimestrielle Insectes, qui traite de ces deux thèmes : la connaissance et la protection des insectes, au travers d'articles de vulgarisation toujours richement illustrés.
OPIE, BP 30, 78041 Guyancourt Cedex.
www.insectes.org

INDEX

Crédits photographiques

Toutes les photos sont de **Fotolia.com,** excepté les suivantes :

Albouy Vincent : 52 h, 52 m, 52 b, 53 h, 53 b ; **Anagnostidis/Nature :** 8 mg, 17 h, 34 h, 46 b, 71 m, 74 m ; **Barbelette/Nature :** 91 h ; **Berthoule/Nature :** 76 b, 111 bd ; **Berton/Nature :** 43 h ; **Bignon/Nature :** 36 m, 121 h ; **Bonnard/Nature :** 109 bg ; **Chaumeton/Nature :** 16 m, 19 hm, 20 b, 44 m, 64 b, 66 m, 67 bg, 79 md, 79 mg, 83 hm, 107 h ; **Chaumeton-Lanceau/Nature :** 84 h, 85 mb ; **Couderc/Nature :** 38 m, 39 h, 42 b ; **Coutin/OPIE :** 22 b ; **Delacour/Nature:** 87 m ; **Gohier/Nature :** 48 m ; **Grospas/Nature :** 55 bm, 70 h ; **Huin/Nature :** 39 b, 69 h ; **Jutier Sophie :** 17 b, 21 b, 27 b, 67 bd, 71 bd, 117 bd ; **Krasnodebski/Nature :** 125 b ; **Labat/Nature :** 125 h ; **Lamaison/Nature :** 57 bd, 57 bg ; **Lanceau/Nature :** 38 h, 85 h, 85 hm, 87 b, 101 b, 103 h, 122 b, 122 h, 122 m, 125 m ; **Le Gall/Nature :** 98 b ; **Malausa/OPIE :** 14 ; **Mayet/Nature :** 18 h, 19 h, 26 h, 26 m, 30 b, 36 h, 61 h, 64 m, 66 h, 68 b, 82 h, 93 h, 94 m, 95 h, 96 m, 99 h, 99 m, 108 m ; **Nature :** 20 h, 22 h, 22 m, 23 h, 46 m, 57 h, 75 h, 119 h ; **NHPA-Dalton/Nature :** 121 ; **Pertin/Nature :** 97 b ; **Polese/Nature :** 31 b , 101 mg, 111 bg ; **Prevot/Nature :** 17 hm, 20 m, 25 h, 32 m, 36 b, 37 h, 45 m, 46 h, 78 b, 78 h, 78 m, 79 h, 81 h, 83 h, 85 b, 86 h, 87 h ; **Reinhard/Okapia :** 110 b ; **Sauer/Nature :** 7 hg , 17 mb, 19 bg, 23 m, 24 h, 25 b, 30 m, 37 b, 38 b, 42 m, 44 b, 44 h, 45 h, 47 h, 55 h, 56 m, 57 hm, 61 bg, 66 b, 70 m, 75 m, 76 m, 106 m, 108 b, 117 bg, 119 m.